STUDY ON EXPERIENCE AND PRACTICES OF THE INDUSTRIALIZATION PROMOTING OF POTATO STAPLE FOOD AND COMPETITIVENESS COMPARISON IN TYPICAL AREAS

“马铃薯主粮化”研究系列丛书

典型区域马铃薯主食产业化推进的经验做法及竞争力比较研究

• 黄泽颖　郭燕枝　孙君茂　著 •

中国农业科学技术出版社

图书在版编目（CIP）数据

典型区域马铃薯主食产业化推进的经验做法及竞争力比较研究／黄泽颖，郭燕枝，孙君茂著．—北京：中国农业科学技术出版社，2019.8

ISBN 978-7-5116-4327-8

Ⅰ.①典… Ⅱ.①黄…②郭…③孙… Ⅲ.①马铃薯-产业发展-研究-中国 Ⅳ.①F326.11

中国版本图书馆 CIP 数据核字（2019）第 158150 号

责任编辑 徐 毅
责任校对 马广洋

出 版 者 中国农业科学技术出版社
北京市中关村南大街 12 号 邮编：100081
电 话 （010）82106636（编辑室） （010）82109702（发行部）
（010）82109709（读者服务部）
传 真 （010）82106636
网 址 http://www.castp.cn
经 销 者 各地新华书店
印 刷 者 北京建宏印刷有限公司
开 本 710mm×1 000mm 1/16
印 张 7.75
字 数 110 千字
版 次 2019 年 8 月第 1 版 2019 年 8 月第 1 次印刷
定 价 30.00 元

《“马铃薯主粮化”研究系列》
丛书编委会

摘　　要

2015年马铃薯主食产业化实施以来，我国逐渐探索以华北地下水漏斗区为代表的高效节水马铃薯替代种植、以半干旱区和西北旱区为代表的优质马铃薯增产增效、以黑龙江省垦区为代表的马铃薯机械化种植、以南方冬闲田区为代表的冬闲田充分利用种植马铃薯的五大主食产业化区域推进的经验做法。

政府支持方面，华北地下水漏斗区、半干旱地区的省政府出台了针对马铃薯主食化的支持政策，分别促进了漏斗区的节水增产增效与薯农的脱贫致富。半干旱地区、西北旱区、黑龙江省垦区主推的马铃薯品种进入省（区）重点推广品种目录。

马铃薯主食品种种植方面，华北地下水漏斗区、黑龙江省垦区、南方冬闲田区的种植模式均申请了地方标准，华北地下水漏斗区、半干旱地区的种植面积扩大，黑龙江省垦区的生产机械化水平较高，华北地下水漏斗区单产水平总体提升，西北旱区的马铃薯生产效益较高。

马铃薯加工方面，西北旱区的马铃薯主食加工企业数量最多，多数区域均实施产学研的主食产品加工运作模式。半干旱地区和西北旱区除开发适合当地饮食习惯的特色马铃薯主食产品外，还有大众主食产品、休闲功能型主食产品和功能性主食产品。

马铃薯市场方面，半干旱地区和南方冬闲田区对马铃薯销售采用了传统的批发、零售和线上销售模式，五大区域均面临鲜薯市场行情不佳等问题，多数区域均通过不同形式的宣传引导，提高了主食产品的市场销售额。

消费者的马铃薯主食产品认知方面，各大区域的消费者正逐步在接触马铃薯主食产品，认知度仍不高，其中，西北旱区的消费者对主食产品的营养价值和功能有所了解并接受马铃薯主食产品，西北旱区的消费者和黑龙江省垦区的消费者对马铃薯主食产品口感评价不错。

基于钻石模型的各区域推进做法竞争力分析发现，半干旱区竞争力最高，其次是西北旱区、黑龙江省垦区、南方冬闲田区和华北地下水漏斗区。为进一步推进我国五大区域的马铃薯主食产业化，本研究提出了如下政策建议：出台针对性的区域主食化支持政策；促进马铃薯主食品种种植标准化、规模化、机械化；马铃薯主食产品加工与丰富主食产品；完善马铃薯销售模式与促进各区域协调推进；关注重点人群的市场需求。

关键词：马铃薯；马铃薯主食化；区域推进；钻石模型；竞争力

Abstract

Since the implementation of potato staple food industrialization in 2015, There are five areas' promotion experience and practices of staple food industry in China, namely the groundwater funnel area in North China as the representative of substitute cultivation of efficient and water-saving potato, the semi-arid area and thenorthwest semi-arid area as the representative of high-quality potatoes with increased yield and planting efficiency, the Heilongjiang reclamation area as the representative of mechanized potato planting, the winter idle field in South China as the representative of fully utilized winter idle field to plant potato.

In terms of policy support, the provincial governments of the groundwater funnel area in North China and the semi-arid area have issued support policies for potato staple food, which have respectively promoted water-saving production and efficiency growth in funnel area and potato farmers' poverty alleviation. The main varieties mainly promoted by the semi-arid area, the dry area in northwest China and the Heilongjiang reclamation area are included in the provincial key promotion catalogue.

In terms of cultivated potato staple varieties, local standards have been applied for planting patterns in the groundwater funnel area in North China, the Heilongjiang reclamation area and the south winter idle field. The groundwater funnel area in North China and the semi-arid area have expaned the planting areas. The production mechanization level of the Heilongjiang reclamation area is higher. The yield per unit area of the groundwater funnel area in North China has improved, and the potato production benefit is higher in the dry area in northwest China.

In terms of potato processing, the dry area in northwest China has the largest number of potato staple food processing enterprises. Most areas have carried out the staple food products' processing operation mode of industry–university–research cooperation. In the semi–arid area and the dry area in northwest China, besides developing characteristic potato staple food products which are suitable for local dietary habits, there are also popular staple food products, leisure functional staple food products and functional staple food products.

In terms of potato market, there are traditional wholesale, retail and online potato sales modes in the semi–arid area and the winter idle field in South China, and all the five areas are faced with problems such as the poor market situation of fresh potato. Most areas have improved the market sales of staple food products through different forms of publicity and guidance.

In terms of consumers' cognition of potato staple food products, consumers from major areas are gradually coming into contact with the potato food products but their awareness is not high. Among them, the consumers from the dry area in northwest China have gradually understanded the nutritional value and function of staple food products and accepted the staple food products. The consumers from the dry area in northwest China and the Heilongjiang reclamation area have taste good reviews of potato staple products.

Based on diamond model analysis of the potato staple food industrialization promotion experience and practices, it was found that the semi-arid area has the best competitiveness, followed by the dry area in northwest China, the Heilongjiang reclamation area, the winter idle field in South China and the groundwater funnel area in North China. In order to promote the potato staple food industry in five areas of China further, the proposed policy suggestions are to introduce targeted areas' support policies for potato staple food; to promote the standardization, scale and mechanization of potato staple food varieties planting; to strengthen potato staple food processing and enrich staple food products; to improve potato sales mode and promote areas' coordination; to focus on the market needs of key groups.

Key words: Potato; Staple food; Areas' promotion; Diamond model; Competitiveness

目　　录

第一章　导　论

一、研究背景

马铃薯是茄科茄属一年生草本作物，起源于拉丁美洲秘鲁和玻利维亚等国的安第斯山脉高原地区（张丽莉等，2007），是集蔬菜、粮食、饲料、工业原料和生物质能源等功能于一身的经济作物和粮食作物。马铃薯具有生长周期短、耐旱耐贫瘠、高产稳产、区域适应性广、增产潜力大等特点，而且热量较低、营养均衡全面，蛋白中含有人体必需的七大类营养物质，富含膳食纤维、维生素与矿物质，脂肪含量低，能改善我国居民营养素摄入结构，减少能量摄入，被世界各国称为“地下苹果”、“十全十美”食物，现已在中国、俄罗斯、印度、乌克兰、美国等 150 多个国家种植（魏延安，2005；庞芳兰，2008；谢开云等，2008；孙东升、刘合光，2009）。我国作为世界第一大马铃薯生产国，至今已有 400 多年的马铃薯种植历史。改革开放 40 年以来，我国马铃薯产量和种植面积增长显著，据联合国粮农组织（FAO）统计，马铃薯产量从 1978 年的 2 855. 6 万 t 增长到 2017 年的 9 914. 7 万 t，增长了 2. 47 倍，以平均 5 532. 46 万 t 位居世界第一位，种植面积从 1978 年的 224. 00 万 hm^2 增长到 576. 51 万 hm^2，增长了 1. 57 倍。

我国高度重视马铃薯主食产业化。2015 年，我国正式提出马铃薯主粮化战略。马铃薯作为我国仅次于小麦、玉米、水稻的第四大粮食作物，推广马铃薯主食化，旨在保障国家粮食安全、缓解资源环境压力、促进农业结构调整、改善居民膳食营养结构。实现马铃薯主粮化关键在于实现主食化，2016 年中共中央国务院一号文件（简称中央一号文件，全书同）积极推进马铃薯主食开发。2016 年初，农业农村部发布《关于推进马铃薯产业开发的指导意见》，提出“把马铃薯作为主粮产品进行产业化开发”的要求。同年，发布《马铃薯加工业“十三五”发展规划（2016—2020）》，提出马铃薯主食加工的发展目标。2017 年中央一号文件提出“实施主食加工业提升行动，积极推进传统主食工业化、规模化生产，大力发展马铃薯主食产品”的要求。2017 年，国务院办公厅发布《国民营养计划》提出“继续推进马铃薯主食产品研发与消费引导”的要求。在政策的大力支持下，我国马铃薯主食产品开发和产业发展加快。

在全国范围内，马铃薯被广泛种植，并已基本形成种植区域化格局。据《马铃薯优势区域布局规划（2008—2015 年）》介绍，我国马铃薯生产区域根据气温、降水、土壤类型等自然条件可分为北方一季作区、西南一二季混作区、中原二季作区和南方冬作区四个区域。其中，北方一季作区是我国主要的种薯产地和加工原料薯生产基地，马铃薯种植面积最大，包括甘肃、内蒙古自治区（以下简称内蒙古）、黑龙江、陕西、山西、河北、吉林、辽宁、宁夏回族自治区（以下简称宁夏）、青海和新疆维吾尔自治区（以下简称新疆）等省区，马铃薯种植面积约占全国总种植面积的 49%；西南一二季混作区包括云南、贵州、四川、重庆、西藏自治区（以下简称西藏）、湖南等省区市和湖北省西部地区以及陕西省的安康市，马铃薯种植面积增长最快，目前约占全国的 39%；中原二季作区包括辽宁、河北、山西 3 省的南部，河南、山东、江苏、浙江、安徽和江西等省份，马铃薯种植面积较小，仅占全国的 5%；南方冬作区包括江西南部、湖南和湖北东部、广西壮族自治区（以下简称广西）、广东、福建，充分利用水稻等作物收获后的冬闲田种植马铃薯，主要是用于早熟鲜食用和出口贸易，种植面积占全国的 7%左右，且有继续增长的趋势。虽然我国马铃薯种植区域广泛，但相对集中在北方一季作区，故本书选取干旱半干旱地区（甘肃）、黑龙江农垦区（黑龙江）、西北旱区（新疆）、华北地下水漏斗区（河北）、南方冬闲田（广西）开展马铃薯主食产业化区域推进经验做法研究。如下表所示，2016 年，上述五大典型区域省区的马铃薯总产量为 428.6 万 t，占全国总产量的 22.01%，播种总面积 1 165.3 千 hm^2，占全国播种面积的 20.71%，且河北省、甘肃省的单产水平低于全国平均水平（3 462.10 kg/hm^2），但广西、黑龙江、新疆等省区的单产水平却高于平均水平，这表明，本书选取的研究区域具有代表性。

表 2016 年我国五大典型区域的马铃薯生产情况

区域	省区	总产量（万 t）	播种面积（千 hm^2）	单产（kg/hm^2）
全国		1 947.7	5 626.0	3 462.1
华北地下水漏斗区	河北	59.5	181.3	3 281.5
南方冬闲田	广西	25.5	65.6	3 883.2
黑龙江农垦区	黑龙江	100.4	215.8	4 651.3
半干旱地区	甘肃	226.1	673.9	3 354.6
西北旱区	新疆	17.1	28.7	5 960.2

数据来源：《中国统计年鉴 2017》

为推进乡村振兴与马铃薯产业供给侧结构性改革，以东北、西北、华北、西南等马铃薯传统主产区为重点区域，根据自然地理、气候条件和种植习惯，结合不同区域已有的生产、加工技术特点，以营养为指导，致力于马铃薯产业化与主食消费市场进一步交互，从政府支持、种植、加工、市场、消费者的马铃薯主食产品认知等多个层面开展马铃薯主食产业区域布局与推进研究，提炼各区域马铃薯主食产业化的推进经验，并基于钻石模型框架对五大区域的竞争力进行综合评价和比较。

二、研究意义

我国马铃薯主食产业化区域推进经验做法研究对马铃薯产业区域化、专业化、现代化与转型升级具有重要的研究意义。

第一，有利于进一步推进马铃薯主粮化战略。马铃薯主粮化战略是我国的发展战略，马铃薯主食消费潜力巨大。如何在保障粮食与营养供给能力、资源环境的前提下，在全国推进马铃薯主粮化，促进马铃薯主食产品推广，扩大消费市场，已成为重点关注的发展难题。本书通过剖析各区域推进马铃薯主食产业化的做法，旨在总结各典型区域的推进经验。

第二，有利于优化配置区域马铃薯产业资源。马铃薯的适应性强，能在全国广泛种植，但不意味着遍地开花，而是对马铃薯主粮化在地域优势的发挥、资源的合理开发利用、生产结构的调整和空间布局的优化进行战略部署，进而分析和总结区域推进经验，对开展区域最优资源配置有重要意义。

第三，有利于重点区域产业结构调整与经济发展。马铃薯主食产业化区域推进是农业供给侧结构性改革的一个重要突破口，一方面，在重点区域种植马铃薯主食专业品种，实施马铃薯生产结构的战略性调整，增加高产优质主食品种的有效供给；另一方面，通过主食产品加工、消费引导促进马铃薯产业延伸与区域品牌建设，不仅可以帮助农民脱贫增收，而且为转变农业发展方式，发展现代农业提供新的增长极。

三、国内外研究现状

围绕马铃薯主食产业化区域推进研究，本书从马铃薯产业区域规划、马铃薯主食产业化发展、农业区域推进做法 3 个方面进行文献综述。

（一）马铃薯产业区域规划研究现状

农业区划既反映农业发展基础条件和一定时期的农业生产特征及其空间格局，也在一定程度上预示农业转型发展与国土空间利用的未来趋向，本质上是在充分考虑地区农业生产条件的相似性和差异性，综合分析农产品生产与消费关系、地区主体功能与人地关系地域特点基础上，按照农业地域系统演化机制与分异规律进行分区划片的综合技术过程（刘彦随等，2018）。而马铃薯产业区域规划是指为实现一定地区范围的马铃薯从种植到加工、从产品到产业开发和建设目标而进行的总体部署。

马铃薯种植区域规划方面，学者们根据农业资源与自然条件作出了一定的研究，尤其利用气象资料开展了马铃薯栽培区域规划，例如，张希近（2000）为分类指导马铃薯种植，将河北省马铃薯种植区域划分为坝上高原寒旱区等 8 个生态区域，提出各区适宜主栽的马铃薯品种，为分类指导马铃薯种植提出科学依据。高永刚等（2007）利用黑龙江省 81 个气象站 1975—2004 年 30 天的逐日气象资料及相应插值的网格同期逐日气象资料，采用世界粮食作物研究模型（WOFOST 模型）将黑龙江省马铃薯可能种植区域规划分为 9 类气候栽培区。杨世琦等（2013）选取 1971—2000 年气候数据，基于地理信息系统（GIS）进行空间化分析，对我国马铃薯进行气候区域规划，划分了一年二至三熟光照较丰马铃薯栽培区、一年二至三熟光照一般马铃薯栽培区、一年二熟光照较丰马铃薯栽培区等7类栽培区。陈其兵等（2015）根据甘肃武威市的资源条件划分不同生态区域，提出不同区域马铃薯产业的发展对策。苗百岭等（2015）利用内蒙古阴山地区以及周边34个气象站近30年（1982—2010年）的气象观测资料，划分了马铃薯的高产区、中产区和低产区。马力文等（2017）采用宁夏海原县12个区域自动站的2008—2014年资料开展马铃薯气候适宜性精细化区域规划，划分为海原县南部的极适宜区、海原县中部的较适宜区、海原县北部的不适宜区。杨亚东（2018）基于省域和县域尺度分析我国马铃薯种植空间格局演变特征，通过分析我国马铃薯种植空间格局演变动力机制和内生机制，模拟不同情境下基于生态适宜性的马铃薯种植空间布局。

此外，还有少数学者开展了马铃薯加工、营销、品牌、文化的区域规划研究。例如，中国作物学会马铃薯专业委员会（2005）分析了马铃薯加工业的原料导向和市场导向加工区域规划，并进行建设项目、投资概算和效益分析，提出了发展措施及建议。庞芳兰（2009）从区域规划的营销角度分析了甘肃省马铃薯产业集群的政府、企业、公共机构和个人等各区域营销主体在马铃薯产业发展中所起的作用。郭欣旺、周云凤（2010）在分析甘肃省定西马铃薯产业集群现状的基础上，指出了定西马铃薯产业集群区域品牌建设面临的困境，并探讨了区域品牌战略下的发展策略。韩黎明、原霁虹（2013）以甘肃省定西市为例，分析了区域马铃薯产业表现出的文化现象，总结了区域马铃薯产业文化的核心理念。

从上述可知，关于马铃薯产业区域规划研究，当前学者们倾向于研究马铃薯的种植区域规划，而对产后的加工、物流、销售尤其是产加销一体化的区域规划研究较少。而且，学者们主要对黑龙江、内蒙古、宁夏、甘肃等省区和河北省坝上等北方一季作区开展区域规划，而缺乏西南一二季混作区、中原二季作区和南方冬作区的研究，这可能是未来的研究方向。

（二）马铃薯主食产业化发展研究现状

马铃薯主食产业化是以营养为指导，重点研发适合中国人饮食习惯的马铃薯馒头、面条、米粉等主食产品，实现马铃薯主食化，通过马铃薯主食产品营养、消费、加工、生产一体化，促进马铃薯产业的跨越发展（陈萌山、王小虎，2015）。

在马铃薯主食产业化驱动下，学者们逐渐关注并陆续开展了该领域的研究，陈萌山、王小虎（2015）顶层设计指出了马铃薯主食产业化的推进路径、科技创新的重点、目标、发展潜力与展望。逄学思等（2018）和尚晋伊、史小峰（2018）根据我国马铃薯生产、加工、消费等方面的发展现状与制约因素，提出马铃薯主食化发展对策。此外，部分学者通过国内实地调研，提出区域马铃薯主食产业化发展举措，例如，刘小琅等（2016）调查研究甘肃省马铃薯主食产业化发展状况与存在的问题。李明朝（2017）对河南省南阳开展马铃薯主食化的调查研究，分析了马铃薯生产现状与存在的问题，并提出发展前景与解决制约因素的对策。鲁翠（2017）开展实地调研和案例分析，从生产、加工、消费 3 方面分析了滕州市马铃薯主食产业化发展概况，进而分析了该市马铃薯主食产业化发展的优势、综合效益以及制约因素。少数学者通过介绍国际马铃薯食品产业经验，为我国马铃薯主食产业化发展提供经验，例如，周琳等（2018）通过分析美国全谷物食品和日本米粉食品的主要做法和推广经验，提炼对我国马铃薯主食产业化发展的经验启示。王秀丽、王小虎（2018）通过介绍瑞典、挪威与俄罗斯 3 国的马铃薯消费情况，为我国推进马铃薯主食产业化提供经验借鉴。

当前关于马铃薯主食产业化的研究成果不多，主要从国家、区域、国际等宏观层面入手开展研究，而缺乏站在马铃薯种植户、加工厂商、消费者等产业化利益相关者的角度来分析马铃薯主食产业化发展现状与问题；研究方法上，主要以案例分析、调查研究的定性分析为主，而缺少定量研究。

（三）农业区域推进做法研究现状

学者们基于农业区域发展现状，从不同角度评价、总结、改进农业区域推进模式。一是对经济区域的农业推进做法开展研究，总结并提出发展机制。例如，李安周（2011）基于关中—天水经济区农业区域品牌现状，提出区域品牌建设及其支持政策。张敏等（2015）梳理了京津冀三地农业发展定位和农业产业链运营现状，提出了京津冀农业区域协作的产后拉动、产前推动、产中提升等做法。曹成欣（2016）采用 SWOT 方法分析环渤海山东区农业发展现状，提出区域现代农业发展的优化原则、方案与实现机制。二是对我国地理分区的农业推进做法进行总结，如车将（2015）在西北地区各省选取具有区域代表性的县，根据区域生态农业理论，总结了西北内陆生态农业区、西北地区的黄土高原区等 9 个主要类型区的生态农业经验。三是总结县域农业发展经验，例如，邵梅丽（2008）采用聚类分析法将浙江省 58 个地级县市划分为 5 个农业区域，并根据农业发展条件和农业发展特征提出适合各个区域的农业发展经验。张社梅、冉瑞平（2015）基于四川省崇州市农业生产经营体系创新的动因、主要做法，总结该地区推进农业生产经营体系创新经验。徐萍等（2016）根据资源协调、产业协调、社会协调等指标建立农业区域协调评价标准对浙东北平原农业区、浙东南沿海农业区等 6 大农业区域进行评价。此外，还有学者总结国际经验，从宏观上提出推进做法，例如，王振（2011）总结和归纳美国、日本等国农业信息化发展和推进方式，总结归纳了政府引导型、技术推动型、市场带动型、产业引领型等农业信息化区域推进做法。从上述可知，目前学者们主要从农业总体开展区域推进做法分析，而尚缺乏细化农业产业，针对某一特色产业开展不同区域推进模式的做法研究。

基于文献的收集和整理，本书对马铃薯产业区域规划、马铃薯主食产业化发展、农业区域推进模式等方面的研究有了清晰全面的认识，开展马铃薯主食产业化区域推进经验做法研究，有助于从产业角度丰富全国农业区域推进做法的研究内容，有助于将目前所关注的马铃薯种植环节延伸到产后的加工、物流、销售等区域规划，且有助于从农户、企业、政府、市场等多层面开展马铃薯主食产业化发展研究，并对不同区域的竞争力进行综合评价与分析。

四、研究内容和目标

（一）研究内容

本研究以华北地下水漏斗区、半干旱地区、西北旱区、黑龙江省垦区、南方冬闲田区为研究区域，并对五个区域的推进做法进行比较和竞争力评价。本书分 8 章阐述了研究内容及其取得的成果。

第一章为导论，首先阐述研究的背景和意义，然后从马铃薯产业区域规划、马铃薯主食产业化发展、农业产业区域推进做法等方面进行文献回顾，最后概述研究内容、研究目标、研究的重点问题、研究方法、技术路线、研究的创新点、概念界定和理论基础。

第二至第六章根据区域资源禀赋、经济基础、饮食文化等特征，从政策支持、马铃薯主食品种种植情况、加工、市场与消费者的马铃薯主食产品认知等方面阐述华北地下水漏斗区、半干旱区、西北旱区、黑龙江省垦区、南方冬闲田区马铃薯主食产业化推进的发展状况，凝练推进经验。

第七章基于钻石模型的生产要素、需求要素、相关和支持产业、企业战略、组织、竞争状态、政府、机遇等 6 个因素对五大区域马铃薯主食产业化推进竞争力进行综合评价。

第八章总结主要的研究发现，并从政策支持、马铃薯主食品种种植情况、马铃薯加工、马铃薯市场、消费者的马铃薯主食产品认知等方面提出马铃薯主食产业化区域推进的发展对策。

（二）研究目标

本研究充分应用农学、经济学、管理学等多学科知识，以全国 5 个典型区域为研究案例，基于政策支持、马铃薯主食品种种植情况、马铃薯加工、马铃薯市场、消费者的马铃薯主食产品认知总结区域推进经验做法，并根据钻石模型对各区域的竞争力进行评价和比较，最后提出政策建议。

（1）总结五大区域的马铃薯主食产业化区域推进经验做法。本书以华北地下水漏斗区、半干旱地区、西北旱区、黑龙江省垦区、南方冬闲田区为典型案例，从政策支持、马铃薯主食品种种植、加工、市场与消费者的马铃薯主食产品认知等方面阐述各个区域马铃薯主食产业化的做法与经验，最终提炼推进经验做法。

（2）比较五大区域产业推进做法的竞争力。基于钻石模型的生产要素、需求要素、相关和支持产业、企业战略、组织、竞争状态、政府、机遇等 6 个因素对五大区域的推进经验做法开展综合竞争力的评价和比较。

（3）提出发展对策。基于五大区域的马铃薯主食产业化推进做法存在的不足，从政策支持、马铃薯主食品种种植、加工、市场、消费者的马铃薯主食产品认知等方面提出支持不同区域马铃薯主食产业化推进的政策建议。

（三）研究重点问题

根据研究内容和目标，提出了需要研究的 3 个重点问题：

（1）五大典型区域马铃薯主食产业化推进经验做法是什么？虽然马铃薯种植在华北地下水漏斗区、半干旱地区、西北旱区、黑龙江省垦区、南方冬闲田区形成一定的区域特色，但从主食产业化角度提炼不同区域的推进经验做法还较少受到关注与研究，而总结推进经验对区域的可持续发展与推广示范具有现实意义。因此，本书从政策支持、马铃薯主食品种种植、加工、市场与消费者的马铃薯主食产品认知等方面总结主食产业化区域推进经验。

（2）五大典型区域推进做法的竞争力和排名如何？五大典型区域推进做法的竞争力量化评价对总结做法的成熟程度有重要作用。因此，本书基于钻石模型框架的 6 个因素对各个区域进行竞争力评估。

（3）如何完善五大区域的推进措施？在五大区域马铃薯主食产业化推进经验总结与竞争力评价之后，围绕各区域做法存在的短板，开展相应的政策支持很有必要。因此，本书从政策支持、马铃薯主食品种种植、加工、市场与消费者的马铃薯主食产品认知等方面提出政策建议。

五、研究方法和技术路线

本研究的方法主要有问卷调查法、案例研究法两种。

1. 问卷调查法

问卷调查法是目前国内外社会调查中较广泛使用的一种方法，收集一手数据资料，具有时效性和研究价值。为了解我国5个不同区域马铃薯主食产业化发展情况与存在的问题，本书通过设计调查问卷（见附录），在问卷内容中设置区域现有的马铃薯主食化支持政策、马铃薯主食化专用种植品种与模式、种植成本收益、马铃薯加工工艺与主食产品、马铃薯主食产品推广和销售模式、市场价格与销售量、消费者的马铃薯主食产品认知等内容，然后发放给参与马铃薯主粮化关键技术体系研究与示范项目的河北省农林科学院旱作农业研究所、甘肃省农业科学院马铃薯研究所、新疆农业科学院经济作物研究所、新疆农业科学院农产品贮藏加工研究所、黑龙江省农垦科学院、广西农业科学院经济作物研究所、广西农业科学院农产品加工研究所开展数据采集。

2. 案例研究法

案例研究法是一种解释社会现象的研究方法。为分析我国马铃薯主食产业化区域推进经验做法，本书将5个不同区域马铃薯主食产业化推进情况作为研究案例，从区域的政策支持、马铃薯主食品种种植情况、马铃薯加工与市场、消费者的马铃薯主食产品认知等维度进行一一分析，最后归纳总结马铃薯主食产业化区域推进经验做法。

本研究的技术路线，如图1-1所示。

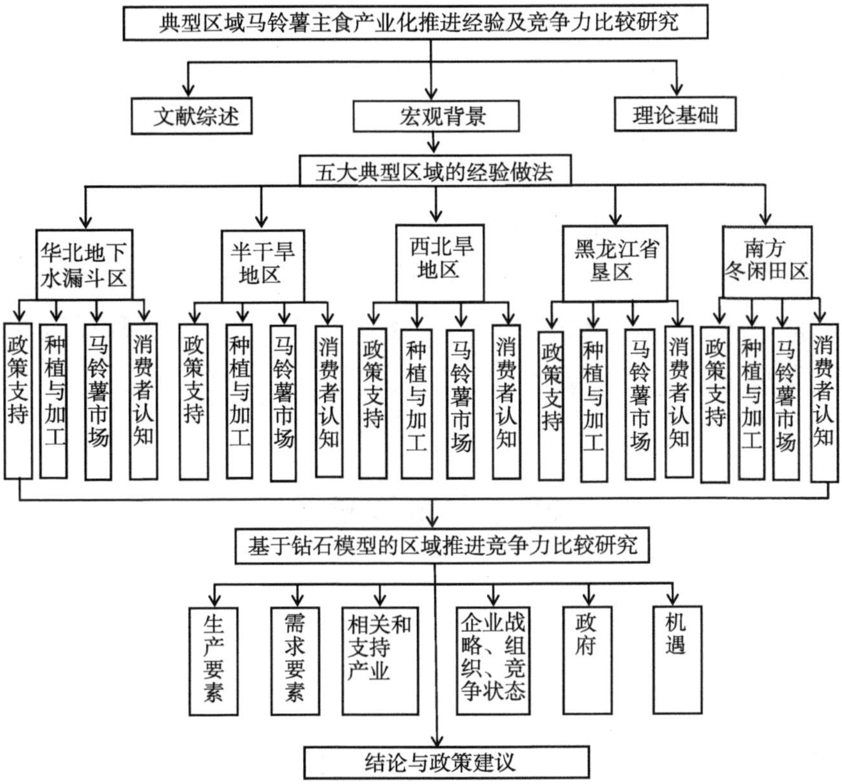

图 1-1　研究技术路线

六、研究的创新点

本研究的创新点有以下两点。

1. 创新研究视角

前人的研究较多从马铃薯产业角度分析区域推进做法，而本书在马铃薯主粮化战略背景下，创新研究角度，从马铃薯主食产业化视角总结我国五大典型区域的马铃薯产业推进经验做法。

2. 创新研究内容

为剖析我国马铃薯主食产业化区域推进经验做法与竞争力比较，本书创新研究内容，一方面从全国选择华北地下水漏斗区、半干旱地区、西北旱区、黑龙江省垦区、南方冬闲田区等 5 个典型区域，从政策支持、马铃薯主食品种种植、马铃薯加工、马铃薯市场、消费者的马铃薯主食产品认知等方面归纳不同区域的马铃薯主食产业化区域推进经验与成功做法；另一方面，基于钻石模型对五大区域的推进做法进行竞争力评价和比较。

七、概念界定和理论基础

（一）概念界定

本书对马铃薯主粮化与马铃薯主食化进行概念界定。马铃薯主粮化是将马铃薯作为我国稻米、小麦、玉米的补充，成为第四大主粮作物，侧重于保障国家粮食安全，预计 2020 年 50%以上的马铃薯将作为主粮消费。马铃薯主食化是推动马铃薯主食产品开发，研发出适合国民饮食习惯的中式马铃薯主食产品如马铃薯馒头、马铃薯面条等，并通过宣传引导等方式，最终提高居民的食用量。两者的共同目标旨在调整种植结构、稳粮提质增效，改善和丰富人们的膳食结构，促进均衡营养和健康消费，推动马铃薯产业持续稳定发展。稍有区别的是，马铃薯主食化是以提高马铃薯主食产品消费量为目标，通过营养指导消费，消费促进生产来推动马铃薯主食品种种植，主食加工、主食产品消费。本书所指的马铃薯主食产业化区域推进，是围绕典型区域马铃薯主食品种筛选、种植、加工、销售、消费的一体化过程，促进马铃薯产业向马铃薯主食产业的跨越发展。

（二）理论基础

1. 产业融合理论

20 世纪中期，国外学者提出产业融合理论。产业融合是指不同产业或同一产业的不同行业，通过互相渗透、互相交叉、产业重组等方式融为一体，逐步形成新产业的动态发展过程（胡永佳，2007）。产业融合是在经济全球化、社会分工、高新技术迅速发展的背景下，提高生产率和竞争力的一种发展模式和产业组织形式。产业融合最开始是基于数字融合而出现的产业边界不清晰甚至消失的状态。一方面，技术创新是产业融合的内在驱动力，技术创新开发替代性或关联性的技术、工艺和产品，然后通过渗透扩散融合到其他产业，从而改变原有产业的产品或服务的技术路线，改变原有产业的生产成本函数，为产业融合提供动力。同时，技术创新改变了市场需求特征，给原有产业的产品带来新的市场需求，为产业融合提供市场空间。另一方面，竞争合作的压力和对范围经济的追求是产业融合的企业动力，企业在不断变化的竞争环境中谋求发展，不断进行技术创新，探索如何更好地满足消费者需求以实现利润最大化和保持长期的竞争优势。当技术发展到能提供多样化的满足需求手段后，企业为了在竞争中谋求长期的竞争优势，便在竞争中产生合作，在合作中产生创新来实现某种程度的融合。

农业和其他产业的融合已成为经济发展的必然趋势。在农业中，产业融合共有 4 类：一是相互渗透型，主要表现为现代高科技向农业领域的扩散，如培育农业优质品种，完善农业信息系统等，以此完善农业经管方式，改善农业生产方式；二是重组创新型，主要是指农业内部子产业之间的经营主体和主体内部融合，如种植业、养殖业与畜牧业之间建立融合，形成上、中、下游的大产业系统；三是交叉共生型，最具有代表性的是农业旅游、休闲农业、观光农业等，既可提高农业的市场化程度，又使与农业相结合的另一产业得到全面发展；四是延伸发展型，是以农业为中心，向前发展农种、机械等原料供应，向后开展农业营销，从而建立一个完整的农业体系（李峻岭，2009）。

马铃薯一二三产业融合发展，将出现服务型农业、生态型农业和高新技术农业等新产业形态，实现产加销一体化、农工贸一条龙等新产业模式，将推动马铃薯主食产业化新发展，发挥农业多功能性，提供更多就业岗位，延伸产业价值链，提高马铃薯产业的竞争力。

2. 农业区位理论

区位论是关于人类活动空间以及空间组织优化的理论。区位理论体系解释了地域因素对于人类经济活动空间分布的影响，或为克服地域约束而找到最佳区位，以实现经济最优发展决策。农业是经济与自然再生产紧密结合的产业，应根据不同区域的自然条件开展生产。1826 年，德国经济学家约翰·海因里希·冯·杜能在《孤立国对农业及国民经济关系》中使用抽象的孤立分析法，首次将农业在空间上的差异性与经济发展的关系进行论证，提出了农业区位理论，即农业圈层理论，他从地理和运输的角度研究了当时德国以城市为中心的区域农业生产配置问题。该理论认为，在相同的自然条件下，同一地区可能形成不同的农业经营方式和结构，其方向和结构调整取决于地区内的人文因素。同时，运费是产生农业生产空间差异的主要因素。因此，由内向外的农业同心圆圈层共有 6 个（又称为“六大杜能圈”），依次为：第一圈是自由农作区，距离城市最近，生产易腐农产品；第二圈是林业带，为城市提供烧柴及建筑家具和木材；第三至第五圈是以生产谷物为主的圈层布局农耕产业，集约化程度逐渐降低，主要提供谷物和畜产品；第六圈是粗放畜牧业带（杜能，1986）。

杜能的农业区位理论对农业生产基地布局、农业示范区的空间布局具有重要的指导意义。以马铃薯生产为基础和依托的马铃薯主食产业化也遵循该农业区位理论，与自然、社会、经济、生态等所有因素相关的农业生产力进行区域的合理配置和布局。在马铃薯主食化生产基地布局、马铃薯主食产业化空间布局过程中，应充分发挥资源和区位优势，使布局符合现有的农业生产结构和经营区域，合理建设功能分区，综合进行开发布局与整合。

3. 资源禀赋理论

19 世纪 20—30 年代，瑞典著名经济学家 Heckscher、Ohlin 在比较成本理论基础上提出了资源禀赋理论（即著名的 H-O 定理），从资源禀赋角度分析了国际贸易产生的原因。资源禀赋理论认为，一个国家应发挥自身独特优势，出口密集使用丰富资源要素、价格低廉的产品，进口密集使用稀缺资源要素、价格较为昂贵的产品，从而获得比较优势，赢得国际竞争的先机。资源禀赋理论具有丰富的指导意义，由于马铃薯主食化的资源禀赋在不同空间范围内表现差异性，从主食产业化的视角，研判不同区域马铃薯主食产业化推进的成功做法与不足具有重要意义。

4. 钻石模型理论

见图 1-2，迈克尔·波特在《国家竞争优势》一书中把竞争优势的决定因素归纳为生产要素、需求要素、相关和支持产业、企业战略、组织、竞争状态、政府、机遇等 6 类因素，由此构建了国家竞争优势的钻石模型（Porter，1990）。该理论认为，一国的要素禀赋在决定竞争优势方面所起的作用很复杂，同时，要素本身是动态的，可以被升级和创造，并可以被特定化。该理论认为，很少有一要素是真正通过继承取得，而且要素方面选择性的劣势可通过战略和发明为一国产业的成功做贡献。其中，需求要素是指对该产业产品的本国需求与别国相比的相对优（劣）势；相关和支持产业是指企业所有相关产业及供应商的竞争能力；企业战略、组织、竞争状态指资助或妨碍企业创造和保持竞争力的国内环境，其影响主要通过人才流向、企业战略和组织形式等方面起作用。迈克儿·波特指出，政府应该为社会创造一种公平的竞争环境，激烈的竞争会迫使企业不断提高生产效率，从而取得竞争优势，而机遇是国内外良好的发展条件与趋势。实际上，钻石模型同样适用于五大区域马铃薯主食产业化推进做法的研究，每个区域主食产业化的竞争力受到6类因素的影响，不同因素的影响各不相同，所以，应分别加以分析与综合评价。

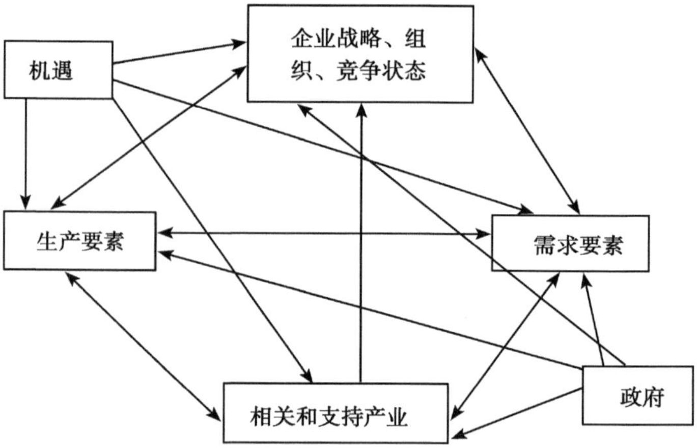

图 1-2　钻石模型

第二章　华北地下水漏斗区推进经验做法

根据研究内容和目标，本书第二章将对华北地下水漏斗区的马铃薯主食化区域推进经验做法进行分析，从政府支持、马铃薯主食品种种植、马铃薯加工、马铃薯市场、消费者的马铃薯主食产品认知等层面展开分析，从中总结华北地下漏斗区的推进经验做法。

华北平原位于我国东部，地处北方半干旱地区，包括北京、天津、河北的全部平原和河南、山东的黄河以北平原，共计 21 个市 207 个县（市），面积 139 238. 45km ^{2}，属暖温带大陆性、半湿润半干旱季风气候，年平均温度为 12. 6℃，年均降水量 540~600mm，年均蒸发量为 1 100~2 000mm（杨丽芝等，2013）。华北平原地下水超采区面临水土资源严重短缺、生态环境压力加大等问题。自 20 世纪 60 年代以来，华北平原地下水一直处于超量开采状态和不合理的开采布局，该区域的地下水水位不断下降，水资源极度匮乏，从而形成一系列深层、浅层地下水位降落漏斗。据统计，地下水漏斗区总面积 23 868. 2km^2，占华北平原总面积的 17%，其中，浅层地下水位降落漏斗区有 11 个，涉及 25 个县（市），影响面积 10 857. 90km^2，平均面积 1 073. 4km^2，影响面积最大的是宁柏隆漏斗区，达到 2 651. 9 km^2，漏斗中心水位埋深平均 39. 97 m。深层地下水位降落漏斗区有 7 个，范围涉及 17 个县（市），影响面积 13 010. 30km^2，平均面积 1 858. 6km ^{2}，影响面积最大的是衡水—德州漏斗区，达到 7 933. 5km^2，深层漏斗区中心水位平均达到 87. 33m（郭燕枝等，2014）。事实上，华北平原深层地下水降落漏斗已经连成一片，形成华北区域大漏斗（杨丽芝等，2013）。河北省是全国最大的地下水漏斗区，其地下水超采量和超采面积均占华北地下水漏斗区的60%以上，因此导致该地区含水层疏干、地面沉降、海水入侵、咸水界面下移等诸多难以逆转的严重后果（朱峰，2012）。

作为我国重要的一大粮食产区，华北平原主要采用“冬小麦+夏玉米”一年两熟的种植模式，以河北省为例，2013年河北省冬小麦种植面积约占农作物种植面积的3/10。然而，冬小麦的生长周期长，其生长周期需要3~4次的灌溉，但其生长季正好与华北平原降水时段错开，种植过程中的水分亏缺率达到18%（郭步庆等，2013）。为确保粮食产量，生产实践中需要大量灌溉以保障水分供给，而其中64%的灌溉用水来源于抽取地下水。据统计，华北平原冬小麦种植过程中的用水量占该地区全部农业用水量近70%。可见，冬小麦的广泛种植是造成该地区农业水分供需失衡的主要原因（杨丽芝等，2013），将加剧地下水资源的匮乏和地下水漏斗区的进一步扩大。针对华北平原水资源严重匮乏和冬小麦水分亏缺严重的问题，一些学者主张开展冬小麦的节水高效研究，然而，受冬小麦耗水作物属性限制，节水力度有限，而还有一些学者提出调整华北平原现有种植模式，将冬小麦改种为马铃薯、大麦、油菜等其他替代作物。专家发现，替代种植的节水效果明显，可节约水资源5%~10%，可节省灌溉量25%左右（王婧等，2010），远高于冬小麦节水高效种植的节水量。作为节水作物，马铃薯具有生长周期短、耐旱、耐贫瘠、水分利用率高等特性，生长过程中需水量少，能在年降水量350mm左右的地区种植，最低蒸腾系数（350）比小麦、水稻分别低100和150（卢肖平，2015）。而华北地下水漏斗区的土壤大多为壤土、沙壤土，适宜种植马铃薯，其雨季为每年3—6月，与当地马铃薯生育期相吻合。

一、政府支持

（一）政府支持的内容

2016年，河北省出台了《河北省马铃薯主食产品及产业开发试点实施方案》，正式启动马铃薯主食产品开发试点工作。张家口、石家庄、秦皇岛3市为试点地区，6家企业负责马铃薯主食产品开发与生产。试点秦皇岛市对马铃薯主食产品进行补贴，陆续举办富有特色的以马铃薯营养为主题的宣传活动，提升消费者对马铃薯主食产品的消费认知度，逐步扩大马铃薯主食的消费市场。

2018年，针对华北地下水漏斗区，河北省马铃薯良种联合攻关启动了二季作区苗头品种联合测试和示范。根据农业农村部种子管理局的部署，借鉴玉米、大豆、小麦、稻谷等四大作物良种联合攻关试验，由河北省牵头开展马铃薯良种重大科研联合攻关，成立马铃薯良种联合攻关专家委员会和良种攻关联合体。

（二）实施的成效

马铃薯主食化项目实施后，华北地下水漏斗区的马铃薯种植技术、种植成本收益、种植经济生态效益、食用多样性均得到提高，具体如下。

从种植技术来看，主食化项目实施前，马铃薯种植户较少，零散种植，且种植基础薄弱，种植技术以人工种植、平播、起垄覆膜、沟灌为主，种植模式多为“马铃薯+玉米”一年两作模式。项目实施后，随着马铃薯主食化政策的引导，以及马铃薯节水高效种植技术的示范推广，马铃薯种植面积逐年增大，脱毒种薯覆盖率提高，节水种植技术和机械化种植技术迅速推广应用。目前，起垄覆膜、膜下滴灌水肥一体化、机械化种植等节水高效种植技术和“马铃薯+谷子”、“马铃薯+青贮玉米”、“马铃薯+豆类”、“马铃薯+大葱”、“马铃薯+甘薯”、“马铃薯+大白菜”、马铃薯两膜、三膜、四膜覆盖等模式普遍应用。

从种植成本收益看，马铃薯主食化项目实施前，以费乌瑞它品种为例，2014 年马铃薯亩（1 亩≈667m^2，全书同）均生产成本为 1 500 元以下，亩均产量 2 000 kg，亩均收益 700 元；主食化项目实施后，虽然 2016 年的亩均成本提高到 1 600 元，但亩均产量提高到 2 450 kg，亩均收益也提高到 850 元。

从种植经济和生态效益看，主食化项目实施后，华北地下漏斗区的马铃薯种植经济效益和生态效益明显改善。项目实施前，2014 年华北平原高、中、低漏斗区马铃薯种植的经济效益均为 750 元/亩，生态效益均为灌水>150m^3/亩。项目实施后，2016 年，华北平原高、中、低漏斗区马铃薯种植的经济效益为 680 元/亩、850 元/亩、960 元/亩，其中，中、低漏斗区的经济效益高于 2014 年，生态效益分别<80m^3/亩、100m^3/亩、120m^3/亩，均比 2014 年至少节约 70m^3/亩、50m^3/亩、30m^3/亩的用水量。

从食用方式看，马铃薯主食化项目实施前，我国居民将鲜薯菜用，而项目实施后，通过电视等不同媒体的宣传，公众对马铃薯食用方式和产品有了更多的了解，马铃薯食用方式也出现多样化，例如，蒸土豆、烤土豆、土豆泥以及土豆切丝+面粉做土豆饼、马铃薯面条、馒头等，虽然仍以菜用为主，但食用方式已呈多样化。

（三）存在的问题

政策支持方面，华北地下漏斗区未被列入主食产品开发试点和缺乏产业配套设施政策支持。

第一，华北地下漏斗区尚未被列入主食产品及产业开发试点地区。2016 年，河北省出台了《河北省马铃薯主食产品及产业开发试点实施方案》，未将华北地下漏斗区的城市列为开发试点区，缺少该方面政策的扶持，衡水地区生产的马铃薯只能运往周边地区的主食加工企业进行加工。

第二，华北地下漏斗区未能享受马铃薯产业配套设施政策支持。华北地下漏斗区的马铃薯产业发展离不开种薯栽培、检测检疫、农田水利、仓储物流等配套设施的支持。然而，国家和省市在这方面缺乏相应的扶持政策来改善马铃薯的生产、加工和流通的条件。衡水市没有推行马铃薯主粮化政策、马铃薯产业补贴政策、马铃薯主食产品补贴、马铃薯产业配套设施政策。

（四）主粮化主推品种

华北地下漏斗区开展了马铃薯主粮化品种示范，建立的示范基地面积分别有 700 亩、920 亩、1 100 亩、2 000 亩。2015—2018 年，河北省农林科学院旱作农业研究所筛选与试种的适合地下水超采区种植的早熟、抗旱、适应性强的主食化马铃薯品种有费乌瑞它、大西洋、中薯 5 号、石薯 1 号、富金、尤金、红美、康尼贝克等，其营养品质如表 2-1 所示，各品种的蛋白质、维生素、干物质、淀粉、还原糖均分别超过 1.7g/100g、18mg/100g、16g/100g、12g/100g、0.07g/100g。2016—2017 年，马铃薯推广总面积扩大。2016 年，华北地下漏斗区的马铃薯推广总面积约 30 万亩，推广的主要品种有费乌瑞它、大西洋、中薯 5 号，在保定、石家庄、衡水、秦皇岛、邢台、邯郸等市种植；2017 年马铃薯推广总面积约 50 万亩，推广的主要品种有费乌瑞它系列、大西洋、中薯 5 号、冀张薯 12、尤金，在保定、石家庄、衡水、秦皇岛、邢台、邯郸等市种植。

表 2-1　适合华北地下水漏斗区种植的品种信息

品种	蛋白质（g/100g）	维生素均值（mg/100g）	干物质（g/100g）	淀粉（g/100g）	还原糖（g/100g）
费乌瑞它	2.02	23.91	19.47	12.6	0.15
大西洋	1.86	25.12	18.74	14.3	0.34
中薯 5	1.77	18.26	17.05	13.4	0.17
石薯 1 号	2.60	22.03	17.12	14.2	0.30
富金	2.30	21.85	19.90	17.3	0.18
尤金	2.43	27.18	20.72	13.2	0.16
红美	2.24	22.52	17.65	13.3	0.08
康尼贝克	2.62	35.93	16.80	13.7	0.15

数据来源：试验数据

二、马铃薯主食品种种植情况

（一）种植模式

华北地下水漏斗区的农民习惯种植小麦，且未来我国粮食安全压力有增无减，完全放弃冬小麦种植不大可行。因此，为兼顾经济效益和生态效益，探索适合当地马铃薯主粮化替代种植和节水高效很有必要。自引入我国以来，马铃薯在华北平原有广泛种植，特别是河北北部、中南部平原地区曾是我国较早种植马铃薯的地区之一，目前仍有大面积种植。从种植习惯和马铃薯本身的广适性来看，华北地下水漏斗区马铃薯替代小麦种植在实践中是可行的。河北农林科学院旱作农业研究所在筛选陇薯 7、陇薯 9、陇薯 10、陇薯 14、L08104-12 等 10 个适宜华北地下水漏斗区种植的马铃薯品种同时，开展了“一早、二深、三保、四注意”种植技术和“马铃薯+谷子/

玉米/豆类”一年两作替代种植模式。

(1)“一早、二深、三保、四注意”种植技术是适合地下水超采区的早春马铃薯简化高产栽培技术，具体如下。

一早：即早播种、早促苗、早管理。一是早播种：①播种时间在2月底至3月初，土壤化冻后，10cm土壤温度稳定在5~7℃即可播种。采取地膜覆盖方式，可提高地温2~3℃。有条件的可在地膜上再加扣拱棚，实行两膜、三膜、四膜等多膜种植，用以提高地温，多膜种植模式播种和收获时间可提前10~35天，亩产值可增加1~3倍。②选用早熟品种，一般选生育期在70天以内的品种，如费乌瑞它、大西洋、中薯5号、石薯1号、富金、尤金等。③早整地，早春播种的地块最好在上年入冬前深耕晾垡，改善土壤结构，减少病虫为害，冬季遇降雪可起到蓄水保墒作用。④早催芽晒种，播种前30天左右，把种薯平摊在15~20℃弱光环境下进行催芽，待幼芽萌动后播种前晒种5~7天，以培育壮芽。机械播种，芽长不宜超过0.5cm。二是早促苗：华北二作区春播马铃薯适宜生长期短，后期气温升高较快，早发苗是关键技术措施。通过催芽晒种、地膜覆盖、加扣拱棚等措施提高土壤温度，促早发苗、快发苗、发壮苗，尽量缩短出苗时间。三是早管理：要根据墒情早浇底墒水，保证出苗期土壤含水量在50%~60%，苗齐后早灌、少灌、勤灌不同时期的水，保证足够的水分供应。结合整地，按每生产1 000kg马铃薯块茎需氮素5~6kg、磷（P_2O_5）1~3kg、钾（K_2O）11~13kg比例，施足基肥，结合浇水早追施N肥和K肥。

二深：耕（松）地要深、起垄要深、播种要深。①深松或深耕土壤是确保高产的关键措施，一般耕（松）深在30cm以上，有条件的要达到40 cm为好。②起垄要深，一般起垄深度在30cm左右。③培土要深，播种深度要在8~15cm，中耕覆土培大垄，封垄前中耕覆土后，薯块到垄顶达20~25cm，这样可保证形成多层块茎，为形成高产打下基础。

三保：保种薯质量、保种植密度、保水肥管理、保及时收获。①保证使用脱毒种薯，从正规渠道引种购种，催芽、晒种、切薯过程中注意消毒、淘汰烂薯。②保证一定的种植密度，一般在 4 500~5 000 株/亩为宜，一垄双行种植，垄距 110~120cm，株距 20~25cm。③保证水肥管理要及时到位，苗齐后、薯块形成期和薯块膨大期等关键时期及时灌水，每次灌溉 20~30m^3/亩，灌溉 5 次左右，采用膜下滴灌水肥一体化灌溉方式。测土配方施肥，按 N、P_2O_5、K_2O 按 2：1：5 的比例安排施肥，以基肥为主、追肥为辅，有机肥为主、化肥为辅，多施腐熟农家肥的原则进行科学施肥。④保证及时收获，收获过早影响品质和产量，收获过晚耽误农事，有时还会因高温雨季来临造成生理病害和烂薯。收获期要根据生长情况和市场信息及时收获，尽量提早收获，填补市场供应淡季，既能提高经济效益，又为夏播作物的种植赢得时间。膜上覆盖扣拱棚和冷棚种植模式一般可在 4 月底 5 月中下旬收获，单膜种植模式一般在 6 月上中旬收获。

四注意：①注意地块选择坚持三不原则，即不选与茄科作物重茬地块；不选土壤偏碱性（pH 值 > 7.8）地块；不选上茬喷施过马铃薯敏感除草剂的地块。②注意钾肥的选择以硫酸钾为宜，不选氯化钾。③注意灌溉不能过大，沟灌忌漫灌，特别是后期遇高温，一定要控制浇好水量，收获前 7 天停止浇水。

（2）种植模式方面，针对华北地下水不同程度的漏斗区，河北农林科学院旱作农业研究所开展了马铃薯与谷子、（青贮）玉米、豆类、芝麻、萝卜等不同作物一年两作种植模式研究，采用起垄覆膜早春播技术、膜下滴灌、水肥一体化技术、平衡施肥技术、机械化种植技术等示范技术。目前，“马铃薯+谷子/玉米/豆类”等种植模式比较成熟，其中，“马铃薯+谷子”一年两熟节水高效种植模式，即在地下水漏斗区，马铃薯谷子一年两作种植替代小麦玉米传统种植，其节水效益和经济效益均优于传统小麦玉米模式，因谷子抗旱耐瘠，马铃薯收获后，抢墒播种中早熟谷子品种，下茬可实现完全雨养种植，不用灌水和施肥，且配套谷子轻简化栽培技术，可以全程机械化，谷子亩产量300kg左右。生态效益方面，一般情况下，马铃薯全生育期的灌水量每亩不到100m^3，如果采用膜下滴灌技术，每亩灌水量可控制在50m^3 左右，而小麦全生育期灌水量一般在150m^3/亩以上，种植马铃薯比种植小麦每亩节水50m^3 以上，一年两熟可节水100m^3/亩。经济效益方面，年总成本为2 000元/亩，比传统“小麦+玉米”种植模式的投入减少800元/亩，经济效益为2 000元/亩以上（不计地租），如果为双膜节水高效种植模式，则亩产值高达3 370元。从综合效益来看，在华北平原地下水漏斗区，“马铃薯+谷子”“马铃薯+豆类/玉米”种植模式的综合效益值大于“小麦+玉米”，其中，“马铃薯+谷子”模式的效益最高，亩灌水量80m^3 条件下，亩效益达1 500元以上，其次是“马铃薯+绿豆”模式，每亩效益达1 445元，说明该种植模式适合在河北省衡水、沧州、邢台、邯郸等深层漏斗区推广应用。2017年，《马铃薯谷子一年两作栽培技术规程》（标准编号：DB13/T 2558—2017）已通过河北省质量技术监督局审定，成为地方标准。石家庄市农林科学研究院开展了马铃薯复种大葱、甘薯、短季棉，太行山区马铃薯套种玉米，石薯1号三膜覆盖等种植模式研究，并于2016—2018年分别审定了河北省地方标准3项，分别是《二季作区马铃薯地膜覆盖栽培技术规程》（标准编号DB 13/T 2357—2016）、《短季棉与早熟马铃薯一年两熟栽培技术规程》（标准编号：DB13/T 2333—2017）、《二季作区春季马铃薯复种夏甘薯栽培技术规程》（标准编号：DB13/T 2788—2018）。石家庄市地方标准4项，分别是《二季作区马铃薯机械化栽培技术规程》（标准编号：DB1301/T 217—2017）、《二季作区地膜马铃薯复种大葱栽培技术规程》(标准编号:DB1301/T 218—2017)、《太行山区马铃薯套种玉米栽培技术规程》(标准编号:DB1301/T 216—2017)、《‘石薯1号’马铃薯三膜覆盖栽培技术规程》(标准编号:DB1301/T 218—2017)。然而,在传统的小麦、玉米耕作区,马铃薯多分散种植,品种单一、管理技术落后、农机农艺不配套的情况下,推行节水高效替代种植技术和一年两作种植模式是技术难点。

(3)生产组织模式方面,华北地下水漏斗区的马铃薯采用有保障的“企业+中间商+农户”生产组织模式,即企业通过中间商为农户提供专用种薯,并以预定价格回收合规的商品薯。中间商从企业购买种薯并销售给种植户,并从种植户手中收购合格的商品薯出售给企业。期间,中间商负责种植管理技术指导。对于种植户来说,企业负责回收商品薯,且价格相对稳定,受市场影响较小,企业或中间商会进行种植管理指导,产量基本有保障。

(二)农户种植马铃薯的情况

2015—2018年,华北地下漏斗区农户种植的主食化马铃薯品种、耕作制度、种植模式、种植面积、机械化率、单产水平、轮作倒茬的农作物情况如下。

2015—2018年,华北地下漏斗区一直种植的一类品种是费乌瑞它,耕作制度为一年二季,2015年的种植技术有3种,分别是起垄覆膜早春播技术、沟灌、膜下滴灌,2016—2018年的种植模式仅为垄覆膜早春播技术、膜下滴灌水肥一体化技术。第一,种植面积扩大,从2015年的种植面积1.5万亩扩大到2016—2018年的2.5万亩,增加了1万亩;第二,生产机械化率总体上逐年提升,从2015年的60%提高到2016年的65%、2017年和2018年的70%;第三,单产水平总体提升,从2015年的2 300 kg/亩提高到2016年和2017年的2 500 kg/亩,但由于受冻害、高温的影响,2018年下降到2 350 kg/亩;

第四，轮作倒茬的农作物品种数量增加，从 2015 年的玉米、2016 年和 2017 年的谷子、玉米、大葱，2018 年的谷子、玉米、胡萝卜、大葱、大豆、大白菜等。

2016—2018 年，华北地下漏斗区种植的另一个品种是大西洋，也是一年二季，种植技术是起垄覆膜早春播技术、膜下滴灌水肥一体化技术。第一，种植面积总体扩大，从 2016 年的 0.5 万亩提高到 2017 年和 2018 年的 1 万亩；第二，生产机械化率总体上升，从 2016 年的 65%提高到 2017 年和 2018 年的 70%；第三，单产水平提高，从 2016 年的 2 200 kg/亩提高到 2017 年的 2 250 kg/亩，由于马铃薯种植面积和重茬率的增大，病虫害发生程度上升，马铃薯减产，仅为 2 150 kg/亩；第四，轮作倒茬的农作物品种数量也有所增加，从 2016 年和 2017 年的谷子、玉米增加到谷子、玉米、胡萝卜、大白菜。

（三）农户种植马铃薯的成本收益

2015—2018 年，华北地下漏斗区农户种植的主食化马铃薯成本收益情况如下。

2015—2018 年费乌瑞它每亩的平均成本有所增长，2015 年和 2016 年为 1 600 元/亩，2017 年和 2018 年分别增长至 1 650 元、1 935 元。其中，每亩种薯费用、用水量和地租逐年减少：种薯费用每亩从 2015 年的 500 元/亩，下降到 2016 年的 475 元/亩、2017 年的 460 元/亩、2018 年的 450 元/亩；节水效果明显，从 2015 年的 $120m^3$/亩，下降到 2016 年、2017 年和 2018 年的 $100m^3$/亩；土地租金每亩从 2015 年的 600 元下降到 2016 年的 500 元、2017 年和 2018 年的 400 元。肥料、人工费用呈先上涨后下降态势，每亩肥料费用从 2015 年的 450 元/亩，上涨至 2016 年的 460 元/亩和 2017 年的 510 元/亩，下降到 2018 年的 460 元/亩，每亩人工费从 2015 年的 300 元/亩增长至2016年的400元/亩，再下降到2017年和2018年的380元/亩。农药费用增长，每亩农药费用从2015年、2016年和2017年的10元/亩增长到2018年的15元/亩。平均每亩净利润呈下降趋势，从2015年的1 480元连续下降到2016年的900元，2017年农户亏损150元/亩，到2018年，农户扭转亏损，每亩净利润为485元。

2016—2018年大西洋品种的每亩成本在逐年增长，从2016年的1 600元/亩，增长到2017年的1 650元/亩和2018年的1 935元/亩，其中，种子和地租费用下降，种子费用从每亩的475元（2016年）下降到2017—2018年的450元/亩，地租从2016年的500元/亩，下降到2017年和2018年的400元/亩；农药和人工费用逐年上涨，农药从2016年和2017年的10元/亩上涨到2018年的15元/亩，人工从2016年的350元/亩，上涨到2017年和2018年的380元/亩；肥料费用先上涨后下降，从2016年的460元/亩，先上升到2017年的510元/亩，后下降到2018年的460元/亩；2016—2018年，大西洋品种每亩用水量和费乌瑞它同期相同，均为$100m^3$。大西洋每亩净利润逐年增加，从2016年的540元，上涨到2017年的875元和2018年的1 000元。与费乌瑞它品种相比，农户种植大西洋品种获得的净利润较高。

三、马铃薯加工情况

衡水地区的马铃薯加工业发展严重滞后，生产主要以鲜薯销售为主，由于2016年的《河北省马铃薯主食产品及产业开发试点实施方案》不够重视衡水—德州漏斗区马铃薯加工水平的提高，未将其列入主食产品及开发试点地区，导致衡水地区比较缺乏完善的马铃薯加工与主食产品开发的企业与配套设施，没有马铃薯全粉、淀粉、食品等企业对当地生产的鲜薯进行加工，加工转化率低，但通过运往周边省市，与廊坊好丽友食品公司、麦肯食品（哈尔滨）公司等进行了对接，在一定程度上解决了产销难题。

四、马铃薯市场与消费者的马铃薯主食产品认知

（一）马铃薯销售模式

华北地下水漏斗区的马铃薯销售主要依靠传统的流通渠道，以“农户+批发商+零售商+消费者”模式为主，由农户、批发商、零售商以及消费者等节点构成，即马铃薯种植户将收获的马铃薯卖给批发商。然后由批发商分销给零售商，零售商再卖给消费者。但在这种流通模式下，批发商、零售商利用自己对渠道的控制，一方面压低进货价格，另一方面提高零售价格，从中获利，压低农民的收购价和增加城市居民的购买成本。

（二）鲜薯市场价格变动趋势

本书以费乌瑞它和大西洋品种的马铃薯为例，分析华北地下水漏斗区马铃薯市场价格变动趋势。

（1）费乌瑞它品种的鲜薯市场价格不佳但销售量增长。2015—2018 年，费乌瑞它品种的商品薯市场价格不佳，2015 年每千克商品薯市场价格为 1. 6 元，下降到 2016 年的 1 元/kg、2017 年的 0. 6 元/kg，到 2018 年，市场价格回暖，价格上升到 1. 2 元/kg。市场销售量总体呈增长态势，从 2015 年的 3 500 万 kg，上涨到 2016 年的 5 000 万 kg、2017 年的 6 250 万 kg，再回调到 2018 年 5 875 万 kg。

（2）大西洋品种的鲜薯市场价格良好但销售量波动。与费乌瑞它品种不同的是，大西洋品种的市场行情较好，从 2016 年的 1.2 元/kg，上涨到 2017 年和 2018 年的 1.3 元/kg，市场销售量先增长后下降，从 2016 年的 1 100 万 kg，先上升到 2017 年的 1 150 万 kg，后下降到 2018 年的 1 050 万 kg。

（三）马铃薯主食产品市场销售量

马铃薯主食产品市场销售量渐受欢迎。据调查，2015—2018 年，华北地下漏斗区的消费者逐渐接受马铃薯主食产品，对产品的营养价值和功能的了解程度不断上升，起初（2015 年）对主食产品的营养价值和功能仍不了解，到 2016 年，对主食产品有了一般的了解，随着主食化宣传力度加大，2017 年，消费者了解了产品价值和功能，到 2018 年已非常了解。主食产品的占有率缓慢提升，衡水地区首先上市了马铃薯馒头，2017 年至今，价格保持不变（1 元/个），市场占有率从 1%上涨到 2018 年的 2%。2018 年，当地上市了马铃薯休闲食品，市场占有率达到 2%。然而，由于马铃薯主食产品种类和数量有限，并非所有消费者在各大超市能购买到马铃薯主食产品。

五、本章小结

华北地下水漏斗区推进经验做法是以节水增产增效替代种植为目标，对筛选的马铃薯主粮化品种进行筛选、示范推广。目前华北平原地下水漏斗区面临日益严重的水资源匮乏、地表沉降等生态环境和资源问题，马铃薯作为节水作物，替代小麦种植具有可行性。政府支持方面，河北省正式启动马铃薯主食产品开发试点工作，针对漏斗区启动了两作区良种苗头品种联合测试和示范，使马铃薯种植技术、种植成本收益、种植经济和生态效益、食用多样性均得到提高，主推的主粮化品种有费乌瑞它、大西洋等 7 个品种，但仍存在漏斗区未被列入主食产品及产业开发试点地区和缺乏产业配套设施支持。马铃薯主食品种种植方面，华北地下水漏斗区开展了“一早、二深、三保、四注意”种植技术和“马铃薯+谷子/玉米/豆类”一年两作替代种植模式，农民的种植面积扩大，生产机械化率总体提升，单产水平也得到提高，轮作倒茬的农作物品种数量增加，每亩的平均成本有所增长，但每亩净利润总体有所增加。马铃薯加工方面，衡水地区的马铃薯产加结合不紧密，主食加工企业比较缺乏。马铃薯市场与消费者的马铃薯主食产品认知方面，马铃薯销售以“农户+批发商+零售商+消费者”模式为主，费乌瑞它品种的鲜薯市场价格不佳但销售量增长，大西洋品种的鲜薯市场价格良好但销售量波动，马铃薯主食产品市场销售量渐受欢迎。

第三章　半干旱地区推进经验做法

根据研究内容和目标，本书第三章将对半干旱地区的马铃薯主食化区域推进做法进行分析，拟从政府支持、马铃薯主食品种种植情况、马铃薯加工情况、马铃薯市场与消费者的马铃薯主食产品认知等层面展开分析，从中总结半干旱地区的推进经验。

甘肃省作为半干旱地区典型区域，地处黄土高原、青藏高原和内蒙古高原三大高原的交汇地带，海拔大多在 1 000m 以上，年平均气温 0～15℃，大部分地区气候干燥，干旱、半干旱区占总面积的 75%，年降水量在 36.6～734.9mm。甘肃省具有良好的马铃薯生产环境，生产区域内气候、温度、土壤、空气、水的污染很小，农药、化肥施用量小，雨热与薯块膨大期同步，有利于马铃薯干物质积累和增产，种植区域海拔高，对病虫害传播有天然的隔离作用，有效减缓了马铃薯品种和品质的退化速度。

马铃薯在甘肃省栽培历史悠久，据史料记载，马铃薯大约在清乾隆二十九年（1764 年）至同治二年（1863 年）传入甘肃省天水。甘肃省具有悠久的马铃薯饮食文化传统，作为第三大粮食作物，马铃薯在全省人民群众的口粮安全中发挥着不可替代的作用，形成了每日三餐中的一道必需食品，并在农村基本实现了主食化。

经过近 20 年的大力发展，甘肃省已发展成为我国马铃薯重要的商品薯与理想的种薯生产区，形成了以定西市[①]、兰州市、平凉市为核心的中部高淀粉及菜用型区域，以张掖市为核心的河西灌区和以临夏州、白银市为核心的沿黄灌区全粉、薯条（薯片）加工型马铃薯区域，以陇南市西北部、天水南部为核心的早熟菜用型马铃薯区域和高海拔脱毒种薯生产区域等四大优势产区（优势产区种植面积占到全省的70%以上）及全国最大的脱毒种薯生产基地，同时，也形成了育成品种系列化、品种品质多元化、种薯繁育企业化、种植基地地域化、栽培方式多样化、贮藏加工产业化的新格局。

一、政府支持

（一）政府支持的内容

马铃薯主粮化战略给甘肃省马铃薯产业发展带来新的机遇，也带来新的调整与挑战。据此，甘肃省政府、定西市政府推行了 3 个马铃薯主粮化政策，分别是中共甘肃省委办公厅印发《关于深入推进区域首位产业发展的实施方案》（甘办发〔2016〕62 号）、甘肃省农牧厅关于 2018 年马铃薯主食开发试点项目实施方案及资金计划的通知（甘农牧财发〔2018〕68 号）、定西市人民政府办公室印发《关于定西市 2016—2018 年马铃薯主食产业开发三年实施方案》（定政办发〔2016〕2 号）。此外，甘肃省政府和定西市政府推行了马铃

① 定西市安定区位于甘肃省中部，海拔 1 700~2 580m，年降水量 380mm 左右，平均日照时数 2 500h，无霜期 141d，年平均气温 6.3℃，属典型干旱半干旱地区，是全国最适宜于马铃薯种植的三大区域之一，也是马铃薯主粮化的优势产区，常年种植面积稳定在 6.7 万 hm^2以上。

薯产业配套设施政策：甘肃省农牧厅2018年1月24日印发《甘肃省马铃薯产业精准扶贫三年行动工作方案》（甘农牧发〔2018〕31号）、甘肃省政府办公厅2018年2月5日印发《甘肃省培育壮大特色农业产业助推脱贫攻坚实施意见》（甘政办发〔2018〕20号）、定西市委办公室与市政府办公室印发《关于深入推进区域首位产业发展的实施方案》（定政办发〔2016〕159号）、定西市人民政府办公室《关于印发定西市马铃薯脱毒种薯质量管理办法的通知》（定政办发〔2016〕153号）、中共定西市委与定西市人民政府《关于印发定西市加快优势产业链培育发展的实施意见的通知》（定发〔2017〕10号）。

（二）实施的成效

由于国家、省市对马铃薯产业发展的大力扶持，甘肃省马铃薯产业发展有了新的思路和活力，主粮化战略提出后，一是进一步促进了甘肃马铃薯产业的发展，马铃薯作为甘肃农业的重要产业，马铃薯主食化无疑给甘肃马铃薯一二三产业融合带来新的机遇；二是马铃薯主粮化战略为甘肃省的脱贫攻坚提供了条件，马铃薯种植户在甘肃贫困户中占有一定的比重，通过马铃薯加工与销售为导向的订单式农业，能减少市场风险和减轻自然灾害损失，为稳定薯农生产预期，增加收入具有重要的促进作用。

（三）存在的问题

虽然甘肃省马铃薯产业发展迅速，在种植、加工、销售等方面均走在全国前列，但与马铃薯主粮化的新要求还有一定的差距，主要表现为：一是缺乏主食化认识。由于受传统消费观的影响，一直以来我国甘肃地区把马铃薯当成一种辅助粮，以烧洋芋、烤洋芋、和面、炒菜等鲜薯消费为主，短期内难以改变饮食习惯；二是缺乏加工技术。甘肃马铃薯加工主要是以淀粉加工技术为主，虽然近几年新增了全粉和薯片加工生产线，但适合我国居民消费的马铃薯馒头、面条等主食产品加工技术还较为缺乏，个别企业在探索性起步，但规模不大、市场份额很小；三是缺乏相关人才。尽管甘肃省马铃薯产业发展已走在全国马铃薯产业发展前沿，但在马铃薯主粮化相关技术和产品的研发方面还很欠缺，缺少相关的科研人员和技术人员。

（四）主粮化主推品种

甘肃省围绕主食化品种和主食产品加工需求，开展了选育、示范工作。甘肃省有序推进主食化专用品种选育工作，通过筛选主粮化适应性强和适应马铃薯全粉加工需求的品种，将品种特性和半干旱种植区生态特点结合起来，确定品种的适种区域范围，于是在甘肃省渭源县会川镇省农科院试验基地进行品种选育和适应性种植试验，开展了马铃薯杂交试验、实生苗培育及选种试验、无性一代选种试验、无性二代选种试验、品系鉴定试验、品系比较试验、甘肃省多点联合试验、国家马铃薯区试中晚熟西北组试验，如表 3-1 所示，L1149-2 新品系（薯块扁圆形，淡黄皮黄肉，芽眼浅，薯皮微网纹，稳产抗病）的亩产2 707. 2kg、干物质含量 25. 6g/100g、粗淀粉含量 18. 57%，LZ111 新品系（花冠白色，薯形扁圆，薯皮薯肉淡黄色，薯皮麻，结薯集中，单株结薯 7. 5 个，大中薯重率 89. 4%）的干物质含量 26. 7g/100g、粗淀粉含量 20. 72%，L08104－12 品种（薯块圆形，淡黄皮白肉，表皮粗糙，芽眼浅）的干物质含量 29. 2g/100g、粗淀粉含量 21. 99%，L1036-34 品种（淡黄皮黄肉）的干物质含量 27. 2g/100g、粗淀粉含量 19. 30%。其中，L08104－12、L1036-34 参加 2017 年甘肃省多点联合试验（省区试），LZ111 参加国家马铃薯区试中晚熟西北组2017年会川点试验，L1149-2在2016年已经完成2年全省区域试验。2019年，L1149-2拟登记陇薯15号、LZ111拟登记陇薯16号、L08104-12拟登记陇薯17号。

表3-1 甘肃省马铃薯主食化品种概况

品系名称	亩产（kg）	试验类别	熟性	干物质（g/100g）	蛋白质（g/100g）	粗淀粉（%）	维生素C（mg/100g）	还原糖（g/100g）
L1036-34	1 934.5	多点联试	晚熟	27.2	2.85	19.30	15.94	0.12
L08104-12	2 361.2	多点联试	晚熟	29.2	2.69	21.99	18.87	0.17
LZ111	2 551.2	国家区试	晚熟	26.7	2.71	20.72	16.50	0.15
L1149-2	2 707.2	完成程序	晚熟	25.6	2.30	18.57	18.50	0.28

然后开展马铃薯主粮化品种示范，首先在甘肃省半干旱区定西市安定香泉镇、高寒阴湿区渭源县会川镇、河西灌区张掖市甘州区花寨乡、陇东旱塬半干旱区庆阳市宁县和盛镇4个不同生态区域分别开展黑膜覆土膜下滴灌技术、大垄双行黑膜覆盖栽培、大垄双行黑膜覆盖膜上微沟和大垄双行覆膜栽培、黑膜覆盖膜上覆土技术等不同马铃薯品种（系）优化栽培技术研究，并完善主粮化专用品种的高效栽培技术及农机农艺融合配套抗旱生产技术。然后，探索马铃薯替代传统作物的种植技术模式，与小麦、玉米主粮比较分析其节水、节肥、节药及农民增收的综合效益，集成包括不同品种、播期、水肥管理、轮作方式以及承载量等多指标替代技术模式，并开展示范。一方面，明确了马铃薯替代小麦、玉米、豌豆和胡麻作物的经济效益优势，地膜马铃薯亩收益是露地马铃薯的1.6~1.8倍、玉米的2.8~3倍、豌豆的5.5~6.1倍、春小麦8.3~9.1倍、胡麻的8.9~9.9倍，另一方面，开展种植模式比对，例如，2015年采用

“马铃薯+谷子”和“马铃薯+玉米”一年两熟节水高效种植模式，经测算，总灌水量小于1 200 m^3/ hm^2，马铃薯单产达到 37. 50 t/hm^2，全年种植效益可达 30 000 元/hm^2（不计地租），综合效益远高于传统的“小麦+玉米”种植模式。甘肃省还启动绿色模式攻关示范4 000 亩，以安定区 16 个新型经营主体企业、农民专业合作社为依托，培训1 000人次以上。2017 年开展优质多抗广适马铃薯主食化新品种陇薯 7 号、陇薯 10 号机械化生产示范，以脱毒种薯应用、种薯处理技术、黑色地膜覆盖技术、配方施肥技术、合理密度种植技术、病虫害防控技术、机械化耕作技术等 7 项技术，在 17 个核心村覆盖14 个乡镇大面积推广 14 227 亩，平均亩产 2 186. 4 kg，发挥了技术引领作用。推广的经济收益方面，按照亩产 3t、每吨 1 200元计算，产值累计 1 080 万元。推广的社会生态效益方面，优质高产品种以及高效栽培技术的应用有效提高了西北旱作区水分的利用效率，提高了单产和马铃薯的营养品质，一大批农民得到了主粮化专用品种生产技术培训。以甘肃省定西市为例，2015—2018 年，该市建立的示范基地面积分别有 200 亩、30 万亩、38 万亩、38 万亩。2015—2018 年，甘肃省主推的马铃薯主粮化品种有大西洋、夏坡蒂、费乌瑞它、新大坪、陇薯 10 号、陇薯 7 号、青薯 9 号、冀张薯 8 号，其中，大西洋、夏坡蒂、费乌瑞它进入了 2017 年和 2018 年省重点推广品种目录。

二、马铃薯主食品种种植情况

（一）农户种植情况

马铃薯主粮化战略实施以来，甘肃农户总体上扩大了种植面积，但病虫害等自然灾害造成亩产下降。以定西市为例，2015—2018 年，定西市农户种植的主粮化马铃薯面积逐年扩大到最后缩小，从 2015 年的 50 万亩扩大到 2016 年的 70 万亩、2017 年的 100 万亩。由于市场行情差，在 2018 年，种植规模锐减，减少至 12 万亩。这 4 年，农户种植的品种为陇薯 3 号、陇薯 10 号、陇薯 7 号、青薯 168、青薯 9 号。2015—2016 年，定西市农户种植的陇薯 3 号，耕作制度为一年一季，种植模式是双垄沟。第一，种植面积扩大，2015 年种植面积 40 万亩，2016 年扩大了 15 万亩，达到 55 万亩；第二，生产机械化率不高，仅为 15%；第三，由于受自然灾害影响，单产水平不高，旱灾造成亩均减产 7%，病害造成亩均减产 2%，虫害造成亩均减产 2%，保持在 1 400 kg/亩；第四，轮作倒茬的农作物均为豆类、小麦、玉米。

2015—2016 年，定西市农户种植的青薯 168，耕作制度为一年一季，种植模式是双垄沟。第一，种植面积扩大，2015 年种植面积 8 万亩，2016 年扩大了 2 万亩，达到 10 万亩；第二，生产机械化率不高，仅为 15%；第三，由于受自然灾害影响，单产水平不高，旱灾造成亩均减产 5%，病害造成亩均减产 2%，虫害造成亩均减产 1%，保持在 1 500 kg/亩；第四，轮作倒茬的农作物均为豆类、小麦、玉米。

2015—2016 年和 2018 年，定西市农户种植的陇薯 10，耕作制度为一年一季，种植模式是双垄沟。第一，种植面积扩大，2015 年种植面积 2 万亩，2016 年扩大了 8 万亩，达到 10 万亩，2018 年扩大了 22 万亩，为 32 万亩；第二，生产机械化率不高，仅为 15%，但到 2018 年，机械化率提高到 17%；第三，由于受马铃薯晚疫病等自然灾害影响，单产水平不稳定，2015—2016 年，受病虫害影响，单产水平分别为 1 450 kg/亩和 1 400 kg/亩，2018 年没有自然灾害影响，为 1 500 kg/亩；第四，轮作倒茬的农作物均为豆类、小麦、玉米等。

2016—2018 年，定西市农户种植的陇薯 7 号，耕作制度为一年一季，种植模式是双垄沟。第一，种植面积扩大，2015 年种植面积 5 万亩，2016 年扩大了 45 万亩，达到 50 万亩，2018 年扩大了 10 万亩，为 60 万亩；第二，生产机械化率逐年提高，从 2016 年的 15%，提高到 2017 年的 17%、2018 年的 20%；第三，随着自然灾害减弱，单产水平提高，从 2016 年的1 450kg/亩，增长到 2017 年的 1 600 kg/亩、2018 年的 1 650 kg/亩；第四，轮作倒茬的农作物均为豆类、小麦、玉米等。

2017—2018 年，农户种植的是青薯 9 号，耕作制度为一年一季，种植模式以双垄沟为主。第一，种植面积缩小，2015 年种植面积 40 万亩，2016 年减少至 28 万亩；第二，生产机械化率逐年提高，从 2017 年的 15%，提高到 2018 年的 17%；第三，随着自然灾害减弱，单产水平逐年提高，从 2017 年的 1 650 kg/亩，提高到 2018 年的 1 700 kg/亩；第四，轮作倒茬的农作物均为豆类、小麦、玉米等。

由此可见，从甘肃省主推的马铃薯主粮化品种看，陇薯 7 号和青薯 9 号表现最好，在 2015—2018 年的生产机械化率和单产水平均得到提高。

（二）农户的生产收益

农户种植不同品种的马铃薯，亩均成本都上升，但由于受我国各大产区春薯集中上市、暑期消费需求减弱等影响，2015 年以来，各品系的商品薯亩均净利润下降，因此，甘肃省薯农面临马铃薯生产收益“天花板”封顶、生产成本“地板”抬升的问题与挑战。

以甘肃省定西市为例，2015—2016 年，陇薯 3 号的马铃薯亩均成本上升，从 2015 年的 1 180 元/亩，上涨到 2016 年的 1 230 元/亩。其中，种子、肥料、农药、地租、用水量等费用保持不变，种子为 300 元/亩，肥料为 200 元/亩，农药为 30 元/亩，地租为 150 元/亩、用水为 50m³/亩。人工费用提高，从 2015 年的 500 元/亩提高到 2016 年的 550 元/亩。商品薯亩均净利润下降，从 2015 年的 500 元/亩下降到 2016 年的 450 元/亩。

2015—2016 年，青薯 168 的马铃薯亩均成本上升，从 2015 年的 1 180元/亩，上涨到 2016 年的 1 230 元/亩。其中，种子、肥料、农药、地租、用水量等费用保持不变，种子为 300 元/亩，肥料为 200 元/亩，农药为 30 元/亩，地租为 150 元/亩、用水为 50m³/亩。人工费用提高，从 2015 年的 500 元/亩提高到 2016 年的 550 元/亩。商品薯亩均净利润下降，从 2015 年的 320 元/亩下降到 2016 年的 270 元/亩。

2015 年、2017 年和 2018 年，陇薯 10 号的马铃薯亩均成本上升，从 2015 年的 1 180 元/亩，上涨到 2017 年的 1 280 元/亩、2018 年的 1 300 元/亩。其中，种子、肥料、地租、用水量等费用保持不变，种子为 300 元/亩，肥料为 200 元/亩，地租为 150 元/亩、用水为 50m³/亩。农药和人工费用提高，农药从 2015 年和 2017 年的 30 元/亩上涨到 2018 年的 50 元/亩；人工费用从 2015 年的 500 元/亩提高到 2017 年和 2018 年的 600 元/亩。商品薯亩均净利润下降，从 2015 年的 560 元/亩，下降到 2017 年的 120 元/亩。

2016—2018 年，陇薯 7 号的马铃薯亩均成本上升，从 2015 年的 1 230 元/亩，上涨到 2017 年的 1 280 元/亩、2018 年的 1 300 元/亩。其中，种子、肥料、地租、用水量等费用保持不变，种子为 300 元/亩，肥料为 200 元/亩，地租为 150 元/亩、用水为 50m³/亩。农药和人工费用提高，农药从 2016 年和 2017 年的 30 元/亩上涨到 2018 年的 50 元/亩；人工费用从 2016 年的 550 元/亩提高到 2017 年和 2018 年的 600 元/亩。商品薯亩均净利润下降，从 2016 年的 510 元/亩，下降到 2017 年的 320 元/亩。

2017—2018 年，青薯 9 号的马铃薯亩均成本上升，从 2017 年的

1 280 元/亩，上涨到 2018 年的 1 300 元/亩。其中，种子、肥料、人工、地租等费用保持不变，种子为 300 元/亩，肥料为 200 元/亩，人工为 600 元/亩，地租为 150 元/亩。

三、马铃薯加工情况

甘肃省的马铃薯加工产品仅有马铃薯全粉、淀粉，但马铃薯主食化项目实施后，通过与定西伊口香清真食品有限公司、陇西清吉公司、兰州麦粒香食品有限责任公司、甘肃署香园食品有限责任公司等当地加工企业协调对接，采取“企业+基地+农户”的运作模式，由企业建立原料基地，生产加工专用品种，开展马铃薯加工技术试验示范，优化马铃薯主食饼子、刀削面等加工工艺，促进工艺在实际生产中的转化，增加了产品种类，从 2014 年开始，仅有的马铃薯淀粉增加了精淀粉、变性淀粉、全粉、膨化食品等产品，2015 年以后，马铃薯主食产品不断开发，产品增多。马铃薯的消费产品正在向多元化发展，目前，已研制开发马铃薯主食产品 4 类 30 多种，马铃薯主食产品加工能力达到 14 万 t，大众主食产品主要有马铃薯馒头、面包、饼干、糕点、面条、挂面等，地域特色主食产品主要有马铃薯烤馍、馕、多拉圈等；休闲功能型主食产品主要有薯条、脆条、马铃薯冲饮营养粉等；功能性主食产品有马铃薯无矾粉皮粉条、家用主食全粉复合粉等。

以甘肃省定西市为例，马铃薯主粮化战略提出后，全国马铃薯主食加工产业联盟在甘肃定西成立，对于建立以市场为主导的分工、合作、交流、创新机制，进一步整合马铃薯主食产品加工资源，提高了产学研组织化程度，整合政府部门、科研机构、高等院校、企业和社会团体的优势资源，加快定西市乃至甘肃省马铃薯主食加工产业进程具有十分重要的作用。2015—2018 年，该市马铃薯加工企业数量有所增加，而且企业结构优化。具体而言，2015 年，加工企业数量 25 家，增长至 2016 年的 28 家、2017 年和 2018 年的 34 家。全粉加工企业方面，2015 年和 2016 年定西市有 4 家，2017 年增加了 1 家，共有 5 家，全粉销售模式为外销，向其他省市和国外市场销售；淀粉加工企业方面，2015 年有 15 家，但 2016 年关闭了 5 家，只有 10 家，从 2017 年开始，又有 15 家，这些企业都以外销为主；食品加工企业方面，2015 年有 6 家，生产清真薯馕、无矾方便粉丝；2016 年、2015 年和 2018 年有 14 家，2016 年生产的产品有馒头、混合面粉、清真薯馕、无矾方便粉丝、挂面、清真烤饼，2017 年和 2018 年的产品有面条、馒头、清真薯馕、无矾方便粉丝、挂面、清真烤饼薯条、薯丁等。

四、马铃薯市场与消费者的马铃薯主食产品认知

以甘肃省定西为例，各品种的商品薯市场价格不高，但市场销售量却有所提高。2015—2016 年，陇薯 3 号的商品薯市场价维持在 1.2 元/kg，市场销售量增加，2015 年为 1 120 万 kg，到 2016 年，增长至 1 320 万 kg。

青薯 168 的马铃薯市场价维持在 1.0 元/kg。市场销售量提高，从 2015 年的 6 000 万 kg 提高到 2016 年的 6 500 万 kg。

陇薯 10 号商品薯市场价不高，2015 年为 1.2 元/kg，由于市场行情不佳，下降到 2017 年的 1 元/kg，再上升到 2018 年的 1.2 元/kg。市场销售量提高，从 2015 年的 725 万 kg 提高到 2017 年的 850 万 kg。

陇薯 7 号商品薯市场价不高，2015 年为 1.2 元/kg，由于市场

行情不佳，下降到 2017 年的 1 元/kg，再上升到 2018 年的 1.2 元/kg。但市场销售量提高，从 2015 年的 800 万 kg 提高到 2017 年的 4 550 万 kg。

甘肃省马铃薯企业加工生产的各类产品，主要以线上销售、超市零售和订单销售为销售渠道。据统计，马铃薯主食加工食品线上销售额不断增加，年销售额超过亿元。超市销售主要销往省内部分大中型城市，订单销售是由企业与客户签订合同自行销售，直接供应。此外，通过在甘肃电视台“话农点经”栏目组进行“马铃薯全粉烤馍”宣传推广。

五、本章小结

甘肃省马铃薯主粮区域产业化推进经验做法是将已培育的专用品种（系）集成配套技术模式，进行示范引导，与主食产品加工相结合，促进马铃薯主粮品种育种、生产、加工、销售协调一体化推进。作为半干旱地区典型区域，甘肃省具有良好的马铃薯生产环境与悠久的马铃薯饮食文化传统。政府支持方面，甘肃省高度重视和推进马铃薯主粮化产业发展、主食产业开发与马铃薯主食产业化精准扶贫的相关政策，使甘肃薯农的收入增加，然而存在缺乏主粮化认识、加工技术和相关人才。甘肃省通过完善主粮化专用品种的高效栽培技术及农机农艺融合配套抗旱生产技术以及马铃薯替代传统作物的种植技术模式，比传统的“小麦+玉米”种植模式的综合效益高，并主推大西洋、夏坡蒂、费乌瑞它，新大坪、陇薯 10 号、陇薯 7 号、冀张薯 8 号。马铃薯主食品种种植方面，甘肃省农户总体上扩大了种植面积，但病虫害等自然灾害造成亩产下降，亩均成本上升和利润下降，各品种的商品薯市场价格不高，但市场销售量却表现较好。加工方面，甘肃省通过马铃薯主食产品加工技术试验示范，优化主食加工工艺，开发了马铃薯馒头、面包、饼干、糕点等多种主食产品，主要以线上销售、超市零售和订单销售为销售渠道。

第四章　西北旱区推进经验做法

根据研究内容和目标，本书第四章将对西北旱区的马铃薯主食化区域推进做法进行分析，拟从政府支持、马铃薯主食品种种植情况、马铃薯加工情况、马铃薯市场与消费者的马铃薯主食产品认知等层面展开分析，从中总结西北旱区的推进经验。

作为西北旱区典型区域，新疆维吾尔自治区（以下简称“新疆”）是我国陆地面积最大的省级行政区，深居内陆，四周有高山阻隔，海洋气流不易到达，形成明显的温带大陆性气候。由于天山横亘新疆中部，形成了南北疆截然不同的气候条件。总体来说，降水量少，气候干燥。新疆日照长，光热资源丰富，昼夜温差大，水资源也较充足，这些都为马铃薯产业发展提供了良好的条件。新疆马铃薯种植区域主要分布在沿阿勒泰山、昆仑山和天山南北坡等冷凉地区以及地属暖温带大陆性干旱荒漠气候的南疆三地州，常年种植面积在 40 万亩左右，其中，昌吉回族自治州马铃薯种植面积最大，为 10 万亩左右，其次是喀什地区，为 8 万亩左右。

新疆作为多民族聚集地，饮食融合了游牧民族和农耕饮食文化的特点。主食既有馒头、米饭、面条等传统主食，也有馕、抓饭、拉面等具有鲜明区域特色的主食。马铃薯在新疆传统饮食中多以菜用为主，如酸辣土豆丝、土豆片等，也可以作为辅料加入大盘鸡、清炖羊肉中。

一、政府支持

（一）政府支持的内容

2015 年以来，新疆自治区政府没有推行相应的马铃薯主粮化政策。

（二）存在的问题

第一，市场优质马铃薯良种短缺严重。经过马铃薯市场调研发现，由于产业结构调整，马铃薯种植面积的扩大，新疆当地优质马铃薯原种供给不足。同时，当地农民科学素养较低，缺乏高产高效种植技术指导，造成新种植区域的马铃薯产量不高，种植效益下滑，市场急需优秀的马铃薯种业公司提供优质种源。

第二，马铃薯在新疆多以菜用及淀粉加工为主，新疆人民在短时间内较难接受将马铃薯及其制品作为平常的主食，因此，在新疆开展马铃薯主粮化，宣传引导马铃薯馕、马铃薯饼、马铃薯拉条子等新疆特色主食产品任重而道远。

第三，新疆深居西北内陆，优秀的人才和先进的技术设备紧缺，尤其是缺乏马铃薯良种筛选示范人才、主食产品工艺设备、宣传引导人才等，影响了马铃薯主食化项目的有效进行。

（三）主推的品种

结合产量和加工品质相关指标，近年来，新疆从甘肃、河北、天津等省市引进马铃薯品种大西洋、夏波蒂、康妮贝克、冀张 8 号、冀张 14 号、冀张 12 号、冀张 20 号、荷兰 7 号、荷兰 15 号、青薯 9 号、青薯 168、克新 1 号、克新 25 号、克新 13 号、陇薯 7 号、陇薯 9 号、陇薯 10 号、陇薯 14 号、LY08104-12、中薯 5 号、天园 1 号等 37 份主要马铃薯品种进行筛选，并进行正、复播配套种植，初步建立新疆马铃薯品种产量、农艺性状及品质数据库。2015—2018 年，新疆地区在南北疆马铃薯主产区开展了马铃薯主粮化品种示范，建立的示范基地面积均为1 000亩。2015 年，新疆南疆地区主推的马铃薯主粮化品种是费乌瑞它；2016 年该区域主推费乌瑞它、陇薯 8 号；2017 年该区域主推费乌瑞它、陇薯 8 号、冀张 12 号；新疆北疆地区主推的马铃薯主粮化品种为中晚熟品种，主要为大西洋、克新 1 号、青薯 2 号、陇薯 3 号。其中，费乌瑞它、大西洋、克新 1 号、陇薯 3 号等品种进入新疆地区主推目录。

二、马铃薯主食品种种植情况

新疆南疆地区马铃薯种植模式是一年两季，春播早熟商品薯+秋播良种繁育，该模式成熟，效益明显；北疆地区种植模式为一年一季。由于经济发展水平不同，北疆马铃薯的种植推广主要为种植大户+合作社，种植过程中以机械化为主，良种覆盖率高，机械化程度较高达到 80%以上；南疆经济发展水平低，良种普及率、机械化水平相对较低。

新疆开展了马铃薯馕加工的主粮化品种筛选与马铃薯高效栽培技术研究示范，并对各试点产量和加工品质测试分析。①开展了南北疆早熟、高产、优质、节水滴灌马铃薯高效栽培技术研究与示范，提高马铃薯产量及种植效益，一是在项目辐射区北疆奇台县开展高效节水滴灌马铃薯高产栽培技术示范，示范区面积 180 亩，实测产量 3 505. 71 kg/亩，并制定了高效节水滴灌马铃薯高产栽培技术规程；二是在项目核心区南疆喀什地区泽普县开展“果树-马铃薯”间作马铃薯高产优质栽培技术示范，示范面积 400 亩，平均单产达 2 270 kg/亩，增产显著，进一步完善已制定的高产栽培技术规程，加以推广应用，促进当地农民增产增收；三是在泽普县波斯卡木乡、依克苏乡“果树-马铃薯”间作模式下，开展“马铃薯+马铃薯”和“马铃薯+谷子”复播高产示范，种植品种为费乌瑞它，示范面积 465 亩。经组织专家实地测产，复播马铃薯平均单产达 1 353. 4 kg/亩，复播谷子平均单产达 313. 03kg/亩。②在南北疆马铃薯主产区加大适合马铃薯馕加工的主粮化品种的引进和筛选，为马铃薯主粮化在新疆的可持续发展提供技术储备。结合产量、农艺性状及加工品质综合分析，进一步完善新疆马铃薯主粮化加工评价体系，完善马铃薯主粮化加工品质评价机制。

（一）农户种植情况

2015—2018 年，新疆农户种植的主粮化马铃薯面积呈逐年扩大到缩小的态势，全疆种植面积在 39 万亩间播种，其中，南疆种植面积为 11 万亩左右，北疆及伊犁河谷种植面积为 28 万亩左右。

南疆地区核心示范区——泽普县农户种植的主粮化马铃薯面积从 2015 年的 3 万亩，扩大到 2016 年的 4 万亩，再下降到 2017 年和 2018 年的 3 万亩。这 4 年，农户种植的品种仅为费乌瑞它。2015—2018 年，该区域农户种植的品种主要为费乌瑞它，耕作制度为一年两季，早熟。第一，种植面积稳定在 3 万亩；第二，生产机械化率不高，仅为 30%；第三，单产水平保持在 1 500 kg/亩；第四，轮作倒茬的农作物为玉米。北疆地区核心示范区——奇台县农户种植的主粮化马铃薯面积常年稳定在 2. 5 万亩左右，2015—2018 年，该区域种植的品种主要为大西洋、克新 1 号，耕作制度为一年一季，中晚熟。生产机械化率较高，达 80%以上，单产水平达 3 000 kg/亩。

（二）农户的生产收益

在新疆南疆早熟马铃薯主产区，农户普遍种植的品种为费乌瑞它。2015—2018 年，费乌瑞它的马铃薯亩均成本保持在 1 100 元左右。其中，种子成本最高（360 元/亩），肥料为 139 元/亩，农机作业费 300 元，农药及地膜为 80 元/亩，人工为 100 元/亩，用水为 100 元/亩。商品薯销售价格平均按 1.4 元/kg 计算（不含市场低谷时的情况），亩均净利润为 1 000 元/亩。

北疆马铃薯主产区种植成本为 1 400 元。其中，种子 360 元/亩，肥料 250 元/亩，农药及地膜为 80 元/亩，滴灌材料费 120 元，机械作业费 400 元，人工 100 元/亩，用水 90 元/亩。商品薯销售价格平均按 0.8 元/kg 计算，亩均净利润 1 000 元。

（三）马铃薯加工情况

马铃薯主食化项目实施以来，新疆地区开展了区域特色主食产品加工关键技术研发与示范。为研制新疆特色主食——马铃薯馕加工产品及半成品——冷胚产品，新疆地区开展当地适宜马铃薯馕加工品种的筛选与复配粉制备工作：首先是新疆不同品种马铃薯加工馕适宜性分析，筛选加工品种 1 个，然后进行马铃薯生全粉加工关键技术研究，进一步研究与面粉、酶制剂等辅料的种类的配比对主粮化系列产品馕品质影响，确定 1 个复配粉的最佳配方，开发包括地域特色主食产品和休闲产品在内的主粮化系列产品的复配粉，并制定相应标准。然后，以马铃薯全粉为主要原料，开展不同蛋白质、酵母、水、搅拌时间及速度、醒发时间、蒸/烤时间等工艺参数对馕产品以及加水量、熟化时间、干燥时间及温度等工艺参数对馕产品的品质影响研究，明确影响主粮化系列产品品质特性的因素及作用机制，建立品质调控技术体系，完成不同馕产品营养成分分析及风味物质测定，对核心装备进行改造设计与创制，并通过工艺与装备的有机耦合，集成马铃薯馕等主粮化系列加工产品的生产线，并就标准化生产马铃薯粉与面粉复配馕实现工厂化生产示范。随着马铃薯熟粉的工业化和生粉实用加工技术的推广，马铃薯主食产品的产量和品质大大提升，并研发了马铃薯饼干、马铃薯蛋糕、马铃薯甜甜圈等多种主食产品。

2015—2018 年，新疆地区马铃薯加工企业数量有所增加，且企业结构优化。具体而言，2015 年和 2016 年，加工企业数量 48 家，增长至 2017 年的 49 家、2018 年的 50 家。全粉加工企业方面，2015—2017 年新疆地区有 3 家，2018 年增加至 4 家；淀粉加工企业方面，2015—2018 年一直是 20 家；食品加工企业方面，2015—2016 年有 25 家，生产粉条、粉丝、粉皮等产品，2017 年和 2018 年有 26 家，生产粉条、粉丝、粉皮、马铃薯馕、马铃薯甜甜圈、马铃薯蛋糕等产品。

三、马铃薯市场与消费者的马铃薯主食产品认知

（一）各马铃薯品种市场价格变动趋势

马铃薯主食化项目实施后，由于新疆地区深居内陆，交通不便，加上收获期是全国马铃薯集中上市的季节，所以种植户出售马铃薯的平均价格下降。以克新 1 号为例，从 2014 年的 1. 1 元/kg（克新 1 号、荷兰十五品种为主，标准 150g 以上）下降到 2016 年的 0. 85 元/kg（克新 1 号、荷兰十五、大西洋等品种为主，标准 150g 以上）。

（二）各马铃薯品种市场销量与主食产品推广

新疆地区加工的全粉或淀粉由加工企业面向市场，主要供往山东等地，以批发为销售模式。2015—2017 年的加工食品以批发为销售模式，2018 年加工食品直接进入企业门店销售，主要以零售为主。为宣传与引导马铃薯主食产品消费，新疆地区开展了一系列相关活动：①在新疆人民广播电台宣传马铃薯主食产品；②在新疆喀什地区泽普县、英吉沙县、疏勒县、疏附县连续举办了 5 场马铃薯主食品鉴会，产品包括马铃薯馕、马铃薯饼干、马铃薯甜甜圈、马铃薯蛋糕和马铃薯即食粉等马铃薯主食产品；③承办 2018 中国果蔬加工产业发展高层论坛，会场上的马铃薯馕、马铃薯蛋糕、马铃薯甜甜圈等马铃薯主食产品获得与会专家的一致好评；④首届中国新疆馕产业推介会在阿克苏地区库车县举办，为新疆馕产业的发展明确了目标和方向，也为马铃薯主粮化在新疆发展提供契机。

（三）消费者对马铃薯主食的消费情况

从 2017 年开始，新疆维吾尔自治区上市了 3 种马铃薯主食产品：一是马铃薯馕（60g），价格 3. 5 元/个，市场占有率 15%~20%；二是马铃薯蛋糕，价格 5. 5 元/个，市场占有率 15%~20%；三是马铃薯甜甜圈，价格 4. 5 元/个，市场占有率 15%~20%。市场调查发现，消费者了解马铃薯主食产品营养价值和功能，对马铃薯馕、马铃薯蛋糕产品的风味口感评价很高，接受马铃薯主食产品，并主要购买马铃薯蛋糕。

四、本章小结

西北旱区的马铃薯主食产业化推进经验做法是以开发马铃薯馕为代表的新疆特色主食产品作为改善居民膳食结构为导向，科研院所和企业很好地发挥产学研模式，推动马铃薯品种筛选、示范推广、生产、主食产品加工与销售一体化发展。作为西北旱区典型区域，新疆日照长、昼夜温差大、水资源充足，为马铃薯产业发展提供良好的条件。品种筛选方面，新疆地区结合产量和加工品质相关指标，通过引进和筛选多个主粮化品种，在南北疆进行早熟、高产、优质、节水滴灌马铃薯高效栽培技术研究与示范，并开展“马铃薯+马铃薯”和“马铃薯+谷子”复播高产示范。生产方面，2015 年以来，新疆南北疆马铃薯主产区农户主要种植中晚熟品种为大西洋、克新 1 号、青薯 2 号、陇薯 3 号等，早熟品种主要为费乌瑞它等。由于生产收益显著，稳定了农户的预期。加工方面，新疆地区确定了复配粉最佳配方与全粉加工关键技术标准，开发了马铃薯馕为代表的马铃薯主食产品，且 2015—2018 年马铃薯加工企业数量稳步增加，从单一的全粉、淀粉加工延伸到马铃薯蛋糕、马铃薯甜甜圈等产品。销售方面，虽然新疆马铃薯市场价格不佳，但马铃薯主食加工产品从批发为主转向零售为主，并通过在广播电台、主食产品品鉴会、高层论坛的宣传推广，消费者普遍接受主食产品。

第五章　黑龙江省垦区推进经验做法

根据研究内容和目标，本书第五章将对黑龙江省垦区的马铃薯主食化区域推进做法进行分析，拟从政府支持、马铃薯主食品种种植情况、马铃薯加工情况、马铃薯市场与消费者的马铃薯主食产品认知等层面展开分析，从中总结黑龙江省垦区的推进经验。

黑龙江省具备优良的鲜薯种植和科技研发基础，大大促进了主粮产品产业开发。黑龙江省土质肥沃、气候冷凉、地下水品质优良，是马铃薯主要产区，播种面积 551 万亩，占全国（8 696万亩）的 6.34%，种植区主要集中在齐齐哈尔市、绥化市、哈尔滨市、农垦总局和牡丹江市，出产的马铃薯有机质含量高达 4%以上。2017 年绥化、垦区马铃薯种植面积增加，齐齐哈尔、哈尔滨、牡丹江的马铃薯种植面积下降。此外，黑龙江省拥有专业的马铃薯研究机构，如东北农业大学、黑龙江八一农垦大学、黑龙江省农业科学院、黑龙江省农垦科学院经济作物研究所等一系列从事马铃薯研究的科研院所。国家级马铃薯改良中心和亚洲最大的马铃薯基因库座落在黑龙江省克山县。

黑龙江省马铃薯主食化发展的重要意义有三方面：一是能填补米面主食化中营养成分的缺失。在黑龙江省发展马铃薯主食化，不是要替代大米和白面的主食地位，而是要填补米和面中的营养缺失。黑龙江省主要粮食作物以水稻、玉米和大豆为主，但是米和面营养价值中的维生素 B_1、B_2、蛋白质等含量较少，碳水化合物（糖）含量较多，长期食用容易造成营养缺乏或肥胖，而马铃薯主食化正好可以弥补这一不足。通过检测发现，马铃薯主食含有人体所需的全部 7 类营养物质，其碳水化合物的含量仅是同等重量大米的 1/4 左右，它可以填补日常主食中缺乏的维生素 A 和维生素 C。7 个苹果或一个半西红柿中的维生素含量，仅从 100g 马铃薯中就可获得。二是可以有效缓解鲜薯产销不对称的矛盾。2017 年，黑龙江省质量好、窖储存条件好的马铃薯却滞销，存在由于市场信息不对称造成的供大于求问题，如果加快马铃薯主食化的发展进程，提升省内主食化食品企业商品薯和加工薯产量的能力，或同本地或与南方主食化食品企业签署订单式合作意向，就会避免好产品卖不上好价钱的尴尬局面。三是将成为精准扶贫、精准脱贫的有效路径。2016 年，黑龙江省调减玉米种植面积 1 000 万亩，马铃薯是种植结构调整的理想替代物。为落实国家推进马铃薯产业开发政策，黑龙江省启动建设现代农业产业技术协同创新体系，以更好发挥产业体系支撑产业发展的作用。2017 年，黑龙江省把马铃薯从经济作物体系中分离出来，单独成立马铃薯现代农业产业技术协同创新体系，将马铃薯作为主粮产品进行产业化开发，延长产业链，以“公司+合作社”运营模式为主的一批新型经营主体正在快速发展，为保证农民持续增收和贫困户脱贫致富贡献力量。马铃薯专业合作社采取“公司+合作社”的运营模式，公司加工马铃薯淀粉，加工的薯渣利用生物技术发酵成生物肥，再作用在合作社的土地里。在马铃薯种植方面，合作社给马铃薯加工企业提供原料，跟农户签订订单种植收购协议，通过测量马铃薯淀粉含量制定价格，按保护价进行收购，保证了农民的持续增收，促进贫困户脱贫致富。马铃薯主食化加工企业的不断发展壮大，将会为种植户带来更多的订单，同时，创造更多的就业机会，开辟新的扶贫、脱贫渠道。

一、政府支持

（一）政府支持的内容

黑龙江省没有出台马铃薯主食字眼的政策文件，但2015年以来，黑龙江省政府通过马铃薯良种补贴、农机补贴、马铃薯保险补贴、产业补贴、产业配套设施政策推动马铃薯产业发展。良种补贴方面，主要对从事马铃薯脱毒种薯生产、对俄出口鲜食薯的种植大户、家庭农场、农民专业合作社和企业进行补贴，补贴要求种植面积不少于500亩，每亩补贴100元，采取直接的资金补贴方式。农机补贴是马铃薯种植经营主体购买大型马铃薯种植和收获机械，由同级政府按农机价格的10%给予补贴，推动马铃薯种植区域探索组建大型马铃薯农机租赁公司。黑龙江推行的马铃薯保险，由同级政府按50%承担马铃薯龙头企业和合作社马铃薯种薯种植保险费用。至于马铃薯产业补贴政策，黑龙江省政府对主营业务收入达到4亿元以上的马铃薯主食化和休闲方便食品加工企业，由同级政府给予年销售收入的1%、最高1 000万元的补贴，用于品牌打造。对加入种薯联盟的经营主体统一种植品种和销售，对销往省外种薯量达到2 000 t及以上的经营主体，由同级政府每吨补贴50元。至于马铃薯产业配套设施政策，黑龙江省对讷河、克山、克东、依安和拜泉等县马铃薯经营主体建设3 000 m^2以上的仓储窖，由同级政府给予每平方米100元的补贴。同时，对未纳入省财政贷款贴息范围的经营主体建设3 000 m^2以上的仓储窖，由同级政府贴息50%，对成立马铃薯加工研发中心的，在政策执行期内由同级政府连续3年给予有成果的研发中心每年不少于50万元的研发补贴。

（二）实施的成效

政府对马铃薯产业的支持促进了推广面积扩大、薯农增收、鲜薯食用方式多样化、加工产品产量和销量上升。作为马铃薯种植区域，马铃薯主食化项目实施后，马铃薯推广面积逐年扩大，从 2015 年的 2 万亩增加到 2016 年的 5.2 万亩、2017 年的 5.35 万亩。主粮化战略提出后，种植户出售马铃薯的价格提高，收入增加。例如，2014 年，种植户出售马铃薯的平均价格为 0.6 元/kg，但 2016 年增长到 0.76 元/kg。马铃薯主食化项目实施前，鲜薯的食用方式主要是菜用，切块炖、切成片或丝炒、切成条炸、做成土豆泥、烤土豆、蒸土豆。项目实施后，鲜薯可以加工成全粉、淀粉、薯条、薯片、粉条、粉丝等产品。如表 5-1 所示，黑龙江省垦区的马铃薯加工产品仅有马铃薯全粉，但马铃薯主食化项目实施后，产量、销售量和收益都有所增加，马铃薯全粉产量和销售量从 2014 年的 0.9 万 t 上涨到 2017 年的 1.1 万 t，增长了 22.22%，马铃薯全粉收益从 2014 年的 5 957 万元增长到 2017 年的 8 665 万元，增长了 45.46%。

表 5-1　马铃薯主食化项目实施前后黑龙江省垦区马铃薯全粉的产销情况

年份	产品	产量（万 t）	销售单价（元）	销售量（万 t）	成本（万元）	收益（万元）	采用的马铃薯品种
2014	马铃薯全粉	0.9	11 000	0.9	3 943	5 957	大西洋
2017	马铃薯全粉	1.1	12 000	1.1	4 535	8 665	大西洋

（三）存在的问题

然而，政策实施后，马铃薯种植存在亩均生产成本提高，亩均产量下降，每亩收益不稳定。具体而言，2014 年延薯 4 品种的马铃薯亩均成本 1 017 元，亩均产量 2t，亩均收益 183 元，然而 2016 年，该品种的亩均成本上升到 1 171 元，亩均产量下降到 1. 6t，亩均收益下降到 45 元，到 2017 年，亩均成本稍有下降，到 1 163. 5 元，亩均产量继续下降，到 1. 5t，亩均亏损 91. 3 元；2014 年，大西洋品种的亩均成本 1 017 元，亩均产量 1. 6t，亩均收益 743 元，到 2016 年，该品种亩均成本上升到 1 171 元，亩均产量稳定在 1. 6t，亩均收益下降到 589 元，2017 年该品种亩均成本下降到 1 163. 5 元，亩均产量也下降到 1. 5t，亩均收益也下降到 336. 5 元。项目实施后，马铃薯种植的经济效益持续下降，从 2014 年的 1 830 万元，下降到 2016 年的 343 万元，甚至到 2017 年，种植经济效益亏损 639 万元。马铃薯市场方面存在 3 个问题：一是产品定位，如何给产品一个合理的定位让消费者接受；二是宣传力度，如何加大宣传力度，给消费者正确的消费引导；三是生产成本，如何降低生产成本，增加市场的竞争力。

（四）主粮化主推品种

根据黑龙江省农垦区生态土壤条件、主食化加工原料薯需求及机械化作业的特点，引进中国农业科学院筛选的适宜品种和甘肃地区培育的专用品种进行区域试验，2015—2018 年，黑龙江省开展了马铃薯主粮化品种示范，建立的示范基地面积均为 70 公顷。2015 年推广的主要品种有大西洋、垦薯 1 号、克新 18 号；2016 年推广的主要品种有大西洋、延薯 4 号、垦薯 1 号；2017 年推广的主要品种有大西洋、延薯 4 号。产量及品质表现好的大西洋、延薯四品种列入黑龙江省主推目录。其中，大西洋品种属中熟品种，干物质 23%，淀粉含量 15%~17. 9%，还原糖含量 0. 03%~0. 15%，抗逆性强，一般亩产 1 500~1 800 kg，最高达 2 000 kg 以上，1978 年由国家农业农村部和中国农业科学院联合引入。延薯 4 号属中晚熟品种，干物质 21. 2%，淀粉 14. 0%，还原糖 0. 53%，粗蛋白 1. 93%，鲜薯维生素 C

含量 14.0mg/100g，是吉林省延边农业科学研究院在莫斯科列思基茎尖剥离组织培养过程中由自然芽变单株，系统选育而成。

二、马铃薯主食品种种植情况

（一）种植模式

黑龙江省农垦科学院在既往研究的基础上，根据主食化加工薯的特性、不同地区土壤及气候特点、影响马铃薯干物质含量及食用口味的因素等，采用最佳的肥料配比及种植密度、实施立体化施肥、全程机械化作业等技术，整合形成适宜东北地区的主食化加工薯高产优质的全程机械化配套栽培技术与模式。其中，马铃薯主食化加工型品种“大西洋”高产栽培技术集成了大垄双行栽培技术、药肥一体化种植技术、大垄深翻栽培技术、肥药减施栽培技术，并申报了“主食化加工品种大西洋高产栽培技术”地方标准 1 项。

（二）农户种植的品种

2015—2017 年，黑龙江省垦区农户种植的主粮化马铃薯面积在 5 万亩以上，2015 年为 5 万亩，2016 年，种植面积增加 0.5 万亩，2017 年种植面积减少 0.3 万亩，为 5.2 万亩。这 3 年，农户种植的品种为大西洋和延薯 4 号，其中，克山种植户对大西洋广为接受，垦区大部分地区对延薯 4 号接受度较好。

黑龙江省垦区农户种植的大西洋，耕作制度为一年一季，种植模式是高产栽培技术。第一，种植面积先扩大后缩小，2015 年种植面积 1 万亩，2016 年扩大了 0.5 万亩，达到 1.5 万亩，但 2017 年减少为 1.2 万亩；第二，生产机械化率稳定，2015—2017 年为 97%；第三，单产水平连年下降，2015 年，单产为 1 805 kg/亩，2016 年为 1 600 kg/亩，2017 年为 1 500.8 kg/亩；第四，轮作倒茬的农作物品种不同，2015 年和 2017 年为大豆、2016 年为玉米。

2015—2017 年，延薯 4 号的耕作制度为一年一季，种植模式为高产栽培技术。种植面积为 4 万亩，机械化率为 97%。第一，单产水平稳定在 1 800 kg/亩以上，2015 年和 2017 年为 1 800 kg/亩，2016 年为 1 810 kg/亩；第二，轮作倒茬的农作物品种不同，2015 年和 2016 年为玉米、2017 年为大豆。

（三）农户的生产收益

黑龙江省农垦区农户种植的大西洋、延薯 4 号马铃薯的成本收益如下。

大西洋品种的马铃薯亩均成本上升后下降，从 2015 年的 1 085 元/亩，上涨到 2016 年的1 171元/亩，然后下降到 2017 年的 1 163.5 元/亩。其中，肥料、人工、地租等费用上涨，肥料费用从 2015 年的 130 元/亩，降低至 2016 年和 2017 年的 110 元/亩；人工费用从 2015 年和 2016 年的 250 元/亩上涨到 2017 年的 280 元/亩；地租费用从 2015 年的 130 元/亩，上涨至 2016 年的 176 元/亩、2017 年的 231 元/亩。种子费用保持在 295 元/亩。2015—2017 年，商品薯亩均净利润连年下降，从 2015 年的 178.5 元/亩，下降到 2016 年的 45 元/亩，在 2017 年，农户每亩马铃薯亏损 91.3 元。

延薯 4 号的马铃薯亩均成本逐年上升，从 2015 年的 975.2 元/亩，上涨到 2016 年的 1 207.5 元/亩、2017 年的 1 414.5 元/亩。种子、肥料、人工费用先增长后微调，种子费用从 2015 年的 200.4 元/亩，上升到 2016 年的 353.4 元/亩，后微调为 352 元/亩；肥料从 2015 年的 110.5 元/亩，上涨到 2016 年的 115.2 元/亩，再下调到 94.2 元/亩；

人工费用从2015年的296元/亩，先上升到2016年的312.5元/亩，在2017年下降到160.9元/亩。农药、地租费用呈逐年增长态势，其中地租的涨幅最大，农药费用从2015年的58.1元/亩，上升到2016年的62.2元/亩、2017年的112元/亩；地租费用从2015年的130元/亩上升到2016年的162元/亩、2017年的354元/亩。商品薯亩均净利润连年下降，农户在2017年亏损，从2015年的284.8元/亩，下降到2016年的23.3元/亩，到2017年，农户每亩亏损316.5元。

三、马铃薯加工情况

黑龙江省农垦区马铃薯加工主要以全粉加工和淀粉加工为主，垦区推广的主粮化品种大西洋与延薯4号分别对应全粉加工和淀粉加工，实现专品专用。2015—2018年，黑龙江省内有1家全粉加工企业；2015年规模以上淀粉加工企业23家。此外，从2017年开始，黑龙江农垦科学院经济作物研究所转向研制适合东北地区饮食习惯的两款马铃薯主食产品——马铃薯大列巴和马铃薯发糕。产品研制方面，农垦区围绕主食产品的品质及口味研究了马铃薯占比达到50%的大列巴主食产品技术储备，计划与具备加工生产马铃薯主食产品条件的企业合作，建立生产线，将已研发成功的马铃薯大列巴与马铃薯发糕推向市场。然而，主食化加工企业的数量与规模有待提升。黑龙江省马铃薯主食化发展起步较晚，尽管研发出的主食产品品种和申请的专利具有一定的数量，但是真正投入生产并推向市场的产品数量却有限，市场占有率不高，这和马铃薯加工企业的数量与规模以及主食化生产设备的先进程度存在直接的关联。黑龙江省马铃薯主食化产品规模化生产起步于2017年，到2018年，哈尔滨市有4家企业开始试点马铃薯主食加工，与马铃薯主食化发展较为突出的宁夏相比，还存在相当大的差距。2017 年，作为全国马铃薯主食开发试点的宁夏已有 70 余家企业参与主食开发试点，研发出包括马铃薯馒头、马铃薯油饼、马铃薯馓子、马铃薯大麻花、马铃薯面条等在内的 6 大系列，近 300 个品种的地域特色型、速食便捷型和休闲消费型等不同类型的主食化产品。

四、马铃薯市场与消费者的马铃薯主食产品认知

（一）各马铃薯品种市场价格变动趋势

整体上，这 3 年农垦区的马铃薯市场价格下降。以大西洋、延薯 4 号的商品薯为例，大西洋品种的商品薯的市场价先上升后下降，从 2015 年的 0.7 元/kg 上升到 2016 年的 0.76 元/kg，然后下降到 2017 年的 0.6 元/kg。2015—2017 年，延薯 4 号的商品薯市场行情差，价格连年下降，从 2015 年的 0.7 元/kg 下到 2016 年的 0.68 元/kg，然后下降到 2017 年的 0.6 元/kg。

（二）各马铃薯主食产品市场销量

目前，黑龙江省的薯条、薯片、粉条、粉丝、馒头、花卷等马铃薯主食化产品市场销量不佳。马铃薯主食化产品作为一种新的消费产品，要被广大消费者所接受可能仍需要一段相当长的时间，这不仅是因为消费者固有的消费观念，还同产品的营销策略存在密切的关联。当前黑龙江省以“企业+经销商+消费者”、“企业+商超”为销售模式，但仅限于某些特定商超的销售，并不能从所有大型商超购买得到，从而限制了居民消费品的购买力，而且缺少马铃薯主

食化产品的广告、产品的特殊标志化、营养价值的广泛宣传、名人代言等商品基本营销方式，影响了市场销售量。

（三）消费者对马铃薯主食化的认知

从 2017 年开始，黑龙江省上市了馒头和花卷等两种马铃薯主食产品，市场售价均为 1 元；消费者对马铃薯主食产品的营养价值和功能的了解程度一般，普遍接受并购买这两种主食产品。同时，黑龙江省农垦科学院将已研发的两款主食产品即营养丰富又具有地域特色的马铃薯大列巴与马铃薯发糕，通过旅游途径将产品推向全国。通过市场调查发现，黑龙江省的消费者对马铃薯主食产品的评价为口感不错，但对马铃薯主食化产品的认同度不高，产品的选择仍处于初级阶段，究其原因：一是对马铃薯主食化产品营养价值的认知度还不是很高，二是本土企业无较高知名度的品牌产品，三是饮食的惯性造成短时间内难以改变，四是由于主食产品原材料采用马铃薯全粉，成本高于普通小麦粉，马铃薯主食化产品的销售价格高于米面等主食产品。

五、本章小结

黑龙江农垦区的马铃薯主食产业化区域推进做法是以适宜东北地区的全程机械化作业、立体化施肥的马铃薯主粮化品种种植模式，将马铃薯品种筛选、示范推广、生产、主食产品加工等环节紧密结合，促进一体化协调发展。黑龙江省具备优良的马铃薯种植和科技研发基础，推进主食化发展，既能填补省内面食主食化中营养成分的缺失，又能促进鲜薯产销衔接，带动农民脱贫致富。2015 年以来，黑龙江省政府通过马铃薯良种补贴、农机补贴、马铃薯保险补贴、产业补贴、产业配套设施政策推动马铃薯产业发展，促进了推广面积扩大、薯农增收、鲜薯食用方式多样化、加工产品产量和销量上升。然而，政策实施后，马铃薯种植存在亩均生产成本提高，亩均产量下降，每亩收益不稳定等问题。2015—2018 年，黑龙江省开展了以大西洋、延薯 4 号为代表的马铃薯主粮化品种示范，并列入省主推目录。黑龙江农垦区将马铃薯生产、加工、销售等环节紧密联合在一起，主食品种的马铃薯种植采用适宜东北地区的全程机械化作业、立体化施肥的种植模式。农户种植的品种为大西洋和延薯 4 号，近年来亩均成本整体上升，农垦区的马铃薯加工主要以全粉加工和淀粉加工为主，从 2017 年转向研制和生产马铃薯大列巴和马铃薯发糕两种特色主食产品，由于消费习惯和销售模式局限，消费者对产品的认同度不高，市场推广程度不高，销售有限。

第六章　南方冬闲田区推进经验做法

本章将对南方冬闲田区的马铃薯主食化区域推进经验做法进行阐述，将从政府支持、马铃薯主食品种种植情况、马铃薯加工情况、马铃薯市场与消费者的马铃薯主食产品认知等层面展开分析，从中总结南方冬闲田区的推进经验。

在我国广西、广东、福建、云南等南方地区，秋季晚稻收获后存在大量闲置农田亟待开发利用，据统计，我国南方冬闲田面积高达 9 900 多万亩。广西壮族自治区属亚热带湿润季风气候区，不仅具有良好的光、温等气候资源和广阔的冬闲土地资源，而且还有广泛的群众种植马铃薯基础以及旺盛的国内外消费市场。据统计，广西壮族自治区有冬闲田 1 500 多万亩，其中，除了冬种蔬菜、油菜等 500 万亩以外，尚有 1 000 多万亩可供其他利用。南方冬闲田土壤大多适合种植马铃薯，一般 10—11 月播种，翌年 2—3 月收获，是我国南方地区最大的冬季马铃薯生产基地。同时，广西还有 300 多万亩的幼龄果园和 500 多万亩新植甘蔗可发展马铃薯间套种，因此，对于粮食尚未自给的广西，推行马铃薯主食产业化项目对保障国家和广西的粮食安全意义重大。

一、政府支持

2015 年，我国推行马铃薯主粮化战略，对促进南方冬闲田马铃薯产业的发展具有积极的推动作用。

（一）政府支持的内容

通过梳理广西、湖南等各省、区、市地方政府推动马铃薯主粮化的政策发现，在广西，2015 年以来，广西政府推行了马铃薯主粮化政策和马铃薯产业补贴政策等两大政策。马铃薯主粮化政策有 3 个：《自治区农业厅关于印发 2015 年秋冬种马铃薯产业发展指导意见的通知》（桂农业发〔2015〕87 号）、《自治区农业厅办公室关于印发 2016 年秋冬种马铃薯产业发展指导意见的通知》（桂农业发〔2016〕30 号）、《自治区农业厅办公室关于印发 2017 年秋冬种马铃薯产业发展指导意见的通知》（桂农业发〔2017〕40 号）。马铃薯产业补贴政策也有 3 个：《关于下达 2015 年自治区粮食及优势特色产业扶持专项资金的通知》（桂财农〔2015〕53 号）（马铃薯扶持项目资金为3 450万元）、《关于下达 2016 年自治区粮食及优势特色产业扶持专项资金的通知》（桂财农〔2016〕65 号）（马铃薯扶持项目资金为 800 万元）、《关于下达 2017 年自治区农林业优势产业扶持专项资金的通知》（桂财农〔2017〕72 号）（马铃薯扶持项目资金为 1 200万元）。在湖南省，2016 年《湖南省“十三五”农业现代化发展规划》提出在大湘西和湘南山地发展马铃薯等优质专用旱粮。湖南省发展和改革委员会、湖南省扶贫开发办公室 2017 年 10 月发布《湖南省武陵山片区区域发展与扶贫攻坚“十三五”实施规划》（湘发改西开〔2017〕974 号），提出因地制宜实施马铃薯等产业化项目，在龙山、洞口、隆回等县建立马铃薯基地。

（二）实施的成效

如表 6-1 所示，马铃薯主粮化项目实施后，马铃薯主食产品种类丰富，在 2014 年马铃薯淀粉、马铃薯预糊化淀粉两种产品的基础（原有产量、销售单价、销售额）上，通过加工费乌瑞它、桂农薯等品种增加了马铃薯全粉、马铃薯干米粉（圆粉）、马铃薯干米粉（扁粉）、马铃薯螺蛳粉、马铃薯老友粉、马铃薯螺蛳粉、添加鲜薯的“桂农薯 1 号马铃薯米粉”和“桂彩薯 1 号马铃薯米粉”等新型产品，并取得了一定的市场销售额。例如，对比 2014 年，2017 年马铃薯主食产品的产量和销售量至少增加了 2 000 t。

表 6-1　广西马铃薯主粮化项目实施前后的比较

年份	产品	产量	销售单价	销售量	采用的马铃薯品种
2014 年	马铃薯淀粉	约 0.7 万 t	5.8~17.5 元/kg	约 0.7 万 t	大西洋、其他本地种植品种
	马铃薯预糊化淀粉		3.2~12.8 元/kg		大西洋、其他本地种植品种
2017 年	马铃薯淀粉	约 0.7 万 t	5.8~17.5 元/kg	约 0.7 万 t	大西洋、其他本地种植品种
	马铃薯预糊化淀粉		3.2~12.8 元/kg		大西洋、其他本地种植品种
	马铃薯全粉	约 0.2 万 t	12 元/kg	380t	大西洋、其他本地种植品种
	马铃薯干米粉（圆粉）	约 12.2 万包	7 元/200g 包（含包装）	约 12.2 万包	大西洋、费乌瑞它、桂农薯、其他本地种植品种
	马铃薯干米粉（扁粉）	约 4.9 万包	7 元/200g 包（含包装）	约 4.9 万包	大西洋、费乌瑞它、桂农薯、其他本地种植品种
	马铃薯螺蛳粉	约 1.7 万包	15 元/包	约 1.7 万包	大西洋、桂农薯
	马铃薯老友粉	约 3 000 包	13 元/包	约 3 000 包	大西洋、桂农薯
	马铃薯方便螺蛳粉	约 1 200 包	18 元/包	约 1 200 包	大西洋、桂农薯

数据来源：广西壮族自治区农业科学院的统计数据

（三）存在的问题

当前，南方冬闲田推进做法存在的主要问题有：①脱毒种薯繁育条件简陋，繁育周期长，繁育经费与繁育数量少，影响了培育、筛选出的适宜主粮化品种的区域试验、示范布局以及最终的推广示范面积。②虽然研制和生产了一些针对南方饮食习惯的马铃薯米粉米线产品，但规模化、标准化程度仍不高，马铃薯米线加工产业化发展和产业升值缓慢。

（四）主粮化主推品种

广西壮族自治区农业科学院针对耐冻、早熟，高干物率、高淀粉，低还原糖含量、低酶活性，高含钙、铁、锌、维生素 C、维生素 B、花青素和氨基酸等主粮化适宜特征开展了马铃薯主粮化与主食加工品种的筛选与培育，并实施了马铃薯主粮化适宜品种试种示范，在冬作区开展适合主粮化品种原原种、原种、一级脱毒种薯生产试验，于 2015—2018 年在广西分别建立了 10.62 万亩，10.01 万亩，9.63 万亩，10 万亩示范基地。2015 年，广西冬闲田主推的主粮化品种有费乌瑞它、桂农薯 1 号、兴佳 2 号，2016 年主推费乌瑞它、桂农薯 1 号、兴佳 2 号、丽薯 6 号，2017 年和 2018 年主推费乌瑞它、桂农薯 1 号、希森 3 号和桂彩薯 1 号。

二、马铃薯主食品种种植情况

（一）种植模式

由于冬闲田区气候生态条件及耕作制度不同与所安排的主作物

和生产季节有差异，所以，冬闲田的闲置时间、可利用时间以及与主作物的间套种时间等也不同，这就要求马铃薯品种的生育期既必须符合各地的气候特点与栽培制度，还须具有适合广西主粮化需求产品（米粉米线）的加工品质而且营养丰富。因此，广西壮族自治区农业科学院在广西 14 个市和广东省 2 个市开展费乌瑞它、桂彩薯 1 号、桂农薯 1 号、兴佳 2 号和希森 3 号，在福建省 6 个市开展闽薯 1 号的区域布局试验；在浙江省和四川省进行了桂农薯 1 号的试验示范；将筛选出的既适合鲜薯销售又适合加工马铃薯米粉米线的桂农薯 1 号、桂彩薯 1 号、闽薯 1 号、费乌瑞它、希森 3 号等 5 个品种开展了高效用种、节肥节药（绿色栽培）等配套栽培各类技术研究并推广了高效种植技术模式，为南方马铃薯主粮化推进提供了新的钱粮双增的高效种植模式，即水田、旱地净作模式以及香蕉（或火龙果）套种马铃薯等间套种模式，并于 2017 年 1 月发布实施《火龙果套种马铃薯栽培技术规程》（标准编号：DB 45/T 1465）等广西地方标准 3 项。具体如下。

水田净作共有 4 种模式：第一种是早稻+晚稻+冬马铃薯→鲜薯加工马铃薯米粉→市场→改善膳食结构、增强体质→促进消费、促进生产→达到既保粮食安全又促进一二三产业高度融合，即种植双季稻后利用冬闲田冬种马铃薯，将收获的鲜薯加工马铃薯米粉，再多种形式推向市场，实现消费引导生产，达到既保障粮食安全又促进一二三产业高度融合；第二种是早稻+鲜玉米+冬马铃薯→鲜薯加工马铃薯米粉→市场→改善膳食结构、增强体质→促进消费、促进生产→达到既保粮食安全又促进一二三产业高度融合，具体是种植早稻及鲜玉米后再秋冬种马铃薯，将收获的鲜薯加工马铃薯米粉，再多种形式推向市场，实现消费引导生产，达到既保障粮食安全又促进一二三产业高度融合的目的；第三种是早稻+蔬菜+冬马铃薯→鲜薯加工马铃薯米粉→市场→改善膳食结构、增强体质→促进消费、促进生产→达到既保粮食安全、农民增收又促进一二三产业高度融合，即种植早稻和蔬菜后进行秋冬种马铃薯，将收获的鲜薯加工成马铃薯米粉，再通过多种形式推向市场，实现消费引导生产，达到既保障粮食安全、农民增收又促进一二三产业高度融合的目的；第四种是早稻+再生稻+冬马铃薯→鲜薯加工马铃薯米粉→市场→改善膳食结构、增强体质→促进消费、促进生产→达到既保粮食安全又促进一二三产业高度融合，即早稻收获后加强管理使其再生并在再生稻收获后利用冬闲田冬种马铃薯，将收获的鲜薯加工成马铃薯米粉，再多种形式推向市场，实现消费引导生产，达到既保障粮食安全又促进一二三产业高度融合。

旱地净作共有两种模式：第一种是玉米+鲜食玉米+冬马铃薯→鲜薯加工马铃薯米粉→市场→改善膳食结构、增强体质→促进消费、促进生产→达到既保粮食安全又促进一二三产业高度融合，具体是种植两造玉米后冬种马铃薯，将收获的鲜薯加工成马铃薯米粉，再以多种形式推向市场，实现消费引导生产，达到既保粮食安全又促进一二三产业高度融合的目的；第二种是春玉米—夏大豆—冬马铃薯→鲜薯加工马铃薯米粉→市场→改善膳食结构、增强体质→促进消费、促进生产→达到既保粮食安全又促进一二三产业高度融合，具体是种植玉米与夏大豆后冬种马铃薯，将收获的鲜薯加工成马铃薯米粉，再以多种形式推向市场，实现消费引导生产，达到既保粮食安全又促进一二三产业高度融合的目的。

旱地间套种马铃薯主要是：水果（香蕉、柑橘、火龙果等）/甘蔗秋冬间套种马铃薯→鲜薯加工马铃薯米粉→市场→改善膳食结构、增强体质→促进消费、促进生产→达到既保粮食（食糖）安全、农民增收又促进一二三产业高度融合，具体而言，就是利用水果/甘蔗的空地秋冬种马铃薯，将收获的鲜薯加工马铃薯米粉，以多种形式推向市场，实现消费引导生产，达到既保障粮食（食糖）安全、农民增收又促进一二三产业高度融合的目的。

目前，上述这些马铃薯的各类种植模式都已经成熟，主要有 4 点优势：一是能充分利用空闲田地，保障粮食安全并增加农民收入；二是就地加工马铃薯，解决农民卖薯难问题；三是减少污染，降低成本；四是促进一二三产业高度融合。然而，制约南方冬种马铃薯的主要瓶颈问题是脱毒种薯完全依赖区域外调入，质量不保证、成本高、土传病害污染冬闲田地等。

（二）农户种植的品种

2015 年以来，以广西南宁市为代表的冬闲田区农户，比较接受主粮化适宜品种，年均种植主粮化马铃薯面积 10 万亩左右：2015 年为 10.62 万亩，2016 年为 10.01 万亩，2017 年为 9.63 万亩，2018 年为 10 万亩。种植的品种主要有费乌瑞它、桂农薯 1 号、希森 3 号、兴佳 2 号、桂彩薯 1 号等，其中，费乌瑞它的种植面积最大，约占 60%，桂农薯 1 号、希森 3 号、兴佳 2 号等其他品种分别占 10% 左右。

2015—2018 年，广西冬闲田区农户一直种植费乌瑞它的马铃薯品种，耕作制度为一年一季，2015 年、2017 年和 2018 年的种植模式是旱地黑膜包芯，而 2016 年是幼龄果园+马铃薯间套作模式。第一，种植面积先扩大后减少，2015 年种植面积 220 亩，2016 年扩大了 4 倍以上，达到 1 200 亩，但 2017 年和 2018 年减少为 550 亩；第二，生产机械化率提高，从 2015 年的 30% 提高到 2016 年、2017 年和 2018 年的 65%；第三，连年受自然灾害影响，单产水平下降，2015 年，旱灾造成亩均减产 10%，病害造成亩均减产 6%，虫害造成亩均减产 7%，单产仅为 2 550 kg/亩，2016 年，病害加重，造成亩均减产 12%，单产下降为 2 340 kg/亩，2017 年和 2018 年的虫害加重，造成亩均减产 12%，单产继续下降，均为 2 300 kg/亩；第四，每年轮作倒茬的农作物品种不同，2015 年和 2016 年为香蕉、2017 年和 2018 年为水稻。

2015 年至今，广西冬闲田区的农户还种植另一个马铃薯品种——桂农薯 1 号，耕作制度也是一年一季，2015 年为幼龄果园+马铃薯间套作，而 2016—2018 年的种植模式是旱地黑膜包芯。第一，种植面积减少，从 2015 年的 543 亩，下降到 2016 年、2017 年和 2018 年的 220 亩；第二，生产机械化率提高，从 2015 年的 55%，提高到 2016 年、2017 年和 2018 年的 80%；第三，连年受自然灾害影响，单产水平不稳定，2015 年，旱灾造成桂农薯 1 号马铃薯亩均减产 10%，病害造成亩均减产 12%，虫害造成亩均减产 5%，单产为 2 115 kg/亩，2016—2018 年，病害减轻，单产提高，稳定在 2 750 kg/亩以上，2016 年为 3 250 kg/亩，2017 年为 3 100 kg/亩和 2018 年为 2 800 kg/亩；第四，每年轮作倒茬的农作物相同，均为香蕉。

2015 年和 2018 年，广西冬闲田区农户种植了另一个马铃薯品种——希森 3 号，耕作制度也是一年一季，2015 年的种植模式是水田黑膜包芯，而 2018 年为幼龄果园+马铃薯间套作。第一，种植面积扩大，从 2015 年的 550 亩，增加至 2018 年的 1 450 亩；第二，生产机械化率提高，从 2015 年的 40%提高到 2018 年的 85%；第三，单产水平提高，2015 年单产水平为 1 900 kg/亩，2018 年，虫害造成亩均减产降低至 5%，单产提高到 2 440 kg/亩；第四，轮作倒茬的农作物不同，2015 年为水稻，2018 年为幼龄香蕉。

2016 年和 2017 年，广西冬闲田区种植的另一个马铃薯品种——兴佳 2 号，耕作制度也是一年一季，2016 年的种植模式是水田黑膜包芯，而 2017 年为幼龄果园+马铃薯间套作。第一，种植面积不断扩大，从 2016 年的 550 亩，增加至 2017 年的 1 443 亩；第二，生产机械化率降低，从 2016 年的 65%降低到 2017 年的 55%；第三，受病害影响，单产水平下降，2016 年单产水平为 2 400 kg/亩，2017

年，病害造成亩均减产提高到12%，单产降低到1 990 kg/亩；第四，轮作倒茬的农作物不同，2016年为水稻，2017年为幼龄香蕉。

（三）农户的生产收益

南方冬闲田农户种植费乌瑞它、桂农薯1号、兴佳2号、希森3号的生产收益如下。

费乌瑞它品种的马铃薯亩均成本先下降后增加，从2015年的2 800元/亩，下降到2016年的2 354元/亩，然后又上涨到2017年的2 500元/亩、2018年的2 710元/亩。种子、肥料、人工等费用和用水量先降后增，种子从2015年的700元/亩降低到2016年的384元/亩，然后上升到2017年和2018年的460元/亩；肥料从2015年的800元/亩，降低到2016年的490元/亩，然后上升到2017年和2018年的520元/亩；人工从2015年的640元/亩降低到2016年的600元/亩，然后上升到2017年和2018年的800元/亩；用水量从2015年的$10m^3$/亩，降低到2016年的$5m^3$/亩，然后上升到2017年和2018年的$6m^3$/亩。农药、地租、机耕机种等费用持上涨态势，农药从2015年的60元/亩，上涨到2016年的80元/亩、2017年和2018年的120元/亩；地租从2015年的400元/亩，上涨到2016—2018年的600元/亩；机耕、机种等费用从2015—2017年的200元/亩，上涨到2018年的210元/亩；2016—2018年，商品薯净利润异常波动，从2015年的260元/亩上升到2016年1 390元/亩，后来由于市场行情不佳，下降到2017年的720元/亩和2018年的390元/亩。

桂农薯1号品种的马铃薯亩均成本逐年上升，从2015年的2 354元/亩上涨到2016年的3 000元/亩、2017年和2018年的3 010元/亩。其中，种子、肥料、人工、机耕、机种等费用与用水量上涨，种子费用从2015年的384元/亩上涨至2016年至今的700元/亩；肥料费用从2015年的490元/亩增长至2016年至今的800元/亩；人工费用从

2015 年的 600 元/亩上涨到 2016 年至今的 640 元/亩；机耕、机种费用从 2015 年和 2016 年的 200 元/亩，上升到 2017 年和 2018 年的 210 元/亩；该品种不节水，反而用水量增加，从 2015 年的每亩 $5m^3$ 增长至 2016 至今的 $10m^3$。农药费用下降，从 2015 年的 80 元/亩下降至 2016 至今的 60 元/亩，但地租费用保持不变，为 600 元/亩。2016—2018 年，商品薯亩均净利润波动，从 2015 年的 184 元/亩上升到 2016 年 2 850 元/亩，然后下降到 2017 年的 1 950 元/亩和 2018 年的 1 470 元/亩。

兴佳 2 号品种的马铃薯亩均成本下降，从 2016 年的 2 700 元/亩下降到 2017 年的 2 154 元/亩。其中，种子、肥料、农药、人工等费用和用水量下降，种子费用从 2016 年的 460 元/亩下降到 2017 年的 384 元/亩；肥料费用从 2016 年的 520 元/亩下降到 2017 年的 490 元/亩；农药费用从 2016 年的 120 元/亩下降到 2017 年的 80 元/亩；人工费用从 2016 年的 800 元/亩下降到 2017 年的 600 元/亩；兴佳 2 号品种节水，用水量从 $6m^3$/亩下降到 $5m^3$/亩。机耕、机种等费用上涨，从 2016 年的 200 元/亩上涨到 2017 年的 210 元/亩；地租保持不变，为 600 元/亩。该品种的亩均净利润下降，从 2016 年的 1 140元/亩，下降到 2017 年的 234 元/亩。

希森 3 号品种的马铃薯亩均成本下降，从 2015 年的 2 700 元/亩下降到 2018 年的 2 364 元/亩，其中，种子、肥料、农药、人工等费用和用水量下降，种子费用从 2015 年的 460 元/亩下降到 2018 年的 384 元/亩；肥料费用从 2015 年的 520 元/亩下降到 2018 年的 490 元/亩；农药费用从 2015 年的 120 元/亩下降到 2018 年的 80 元/亩；人工费用从 2015 年的 800 元/亩下降到 2018 年的 600 元/亩；希森 3 号品种节水，用水量从 $6m^3$/亩下降到 $5m^3$/亩。机耕、机种等费用上涨，从 2015 年的 200 元/亩上涨到 2018 年的 210 元/亩；地租保持不变，为 600 元/亩。该品种的亩均净利润下降，从 2015 年的 610 元/亩，下降到 2018 年的 564 元/亩。

由于广西秋冬种马铃薯多在 1—4 月收获，早春种马铃薯在 4—5 月收获，在这期间，北方各大马铃薯产区由于天气寒冷无法种植，刚好是全国马铃薯生产和出口的淡季，所以，价格较高，经济效益好。因此，发展秋冬种马铃薯和早春间套种马铃薯成为广西农民增收的重要途径之一。

三、马铃薯加工情况

广西马铃薯加工企业数量和地方特色主食化产品种类逐步增加，主要采用“合作社+企业+消费者”的形式，部分以“农户+批发商+企业+消费者”的形式，少量以“农户+企业+消费者”的形式存在。2016 年，广西冬闲田区建立了第一家全粉加工企业和 6 家淀粉加工企业，均以批发为主要的销售模式，将马铃薯淀粉和马铃薯预糊化（变性）淀粉作为食品添加剂销售到食品加工企业；2015—2018 年，广西冬闲田区的食品加工企业逐年增加，2016 年建立了第一家企业，加上广西冬闲田地区筛选和培育出的主粮化品种在理化营养品质、淀粉加工特性、贮存期品质等方面适合加工马铃薯米粉米线，比普通米线口感好、营养丰富全面，故广西农业科学院将马铃薯与南方主食米线搭配优化，在传统米线生产工艺的基础上，引进现代食品技术开发生产马铃薯米粉米线，生产了以马铃薯干米粉为代表的第一种主食产品。2017 年，广西壮族自治区农业科学院研究了原料前处理、原料配比、老化条件、干燥条件等马铃薯保鲜米线关键工艺条件对米线感官品质、蒸煮品质及质构的影响，优化马铃薯米线生产工艺条件，确定了马铃薯米线最佳保鲜工艺，通过与对口农产品加工企业进行技术对接，成立了 4 家主食产品企业；2018 年又成立了 2 家，以生产马铃薯保鲜米粉为主。据专家估计，开展西南地区马铃薯米线加工产业化研究，以马铃薯替代（50%）的大米，改善米线的品质、提高产品的质量，年均可节粮 400 万 t，成品售价每千克升高 0.05 元，则可以实现年新增产值 7 300 万元。目前，马铃薯米粉主要产品有马铃薯榨粉、马铃薯罗秀米粉、马铃薯快复水米粉、马铃薯鲜榨粉、马铃薯鲜切粉、马铃薯保鲜米等。然而，南方冬闲田马铃薯主食产品加工起步晚、起点低，米线米粉产品的规模化、标准化、新产品多样化、精深加工等程度不高，产品营养与功能性欠缺，尚需要产业化引导。

四、马铃薯市场与消费者的马铃薯主食产品认知

（一）各马铃薯品种市场价格变动趋势

2016—2018 年，费乌瑞它、桂农薯 1 号、兴佳 2 号、希森 3 号等品种的市场价格与销售量变动趋势如下。

费乌瑞它商品薯市场价、市场销售量异常波动，先上升后下降，商品薯市场价格从 2015 年的 1.2 元/kg 上升到 2016 年和 2017 年的 1.6/kg，然后下降到 2018 年的 1.4 元/kg。市场销售量从 2015 年的 55 万 kg 上升到 2016 年的 280 万 kg，然后下降到 2017 年和 2018 年的 120 万 kg。

桂农薯 1 号商品薯市场价波动，先上升后下降，商品薯市场价格从 2015 年的 1.2 元/kg 上升到 2016 年的 1.8/kg，然后下降到 2017 年和 2018 年的 1.6 元/kg，但销售量却连年下降，从 2015 年的 110 万 kg 下降到 2016 年的 70 万 kg、2017 年的 68 万 kg、2018 年的 60 万 kg。

兴佳 2 号商品薯的市场行情不佳，价格有所下降，从 2016 年的

1.6 元/kg 下降到 2017 年的 1.2 元/kg。但市场销售量上升，从 2016 年的 130 万 kg 扩大到 2017 年的 280 万 kg。

希森 3 号商品薯的市场价格上升，从 2015 年的 1.1 元/kg 上升到 2018 年的 1.2 元/kg。但市场销售量上升，从 2015 年的 100 万 kg 扩大到 2018 年的 350 万 kg。

（二）各马铃薯品种加工与市场销量

2016 至今，广西等南方省市上市的马铃薯主食产品种类增多。从 2016 年开始，广西冬闲田地区上市了第一种马铃薯主食产品——马铃薯干米粉，200g 的包装，市场价格为 7 元。2017 年还上市了 3 种马铃薯产品，分别是马铃薯螺蛳粉（价格为 14.5 元/200g）、马铃薯老友粉（价格为 12.5 元/200g）、马铃薯鲜湿米粉等，这些产品有批发、零售、电商等销售模式，其中，零售商以批发价购买后在电商、便利店和小超市销售，马铃薯螺蛳粉有少量出口。马铃薯鲜湿米粉系列计划在门店销售，或以配送形式在旅游交通工具上销售。然而，在产品定价上，由于马铃薯全粉（雪花粉）作为主食化添加原料价格高、鲜薯薯泥加工试制成本高，加工尚未形成规模等原因，马铃薯原生态米粉、马铃薯螺蛳粉、马铃薯老友粉等系列产品的价格均略高于其他同类普通产品。在产品外观方面，由于使用马铃薯全粉（雪花粉）作为原料添加制备的马铃薯米粉，添加量增加时颜色较深，不利于市场推广。

（三）消费者对马铃薯主食产品的认知与消费情况

马铃薯主食化项目组进一步加强与广西威颜食品有限公司、螺蛳粉先生等企业的合作，赴玉林市福绵区正龙种养专业合作社、在广西桂林天然食品有限公司和广西永福百泓源科技有限公司开展米粉加工技术培训，分别在桂林爱明生态农业开发有限公司和桂林三养胶麦生态食疗产业有限责任公司建立了马铃薯米粉加工产业化研究示范基地2个。

为宣传推广马铃薯米粉产品和加工，进一步推动马铃薯米粉产品在广西成果转化，提高影响力，广西马铃薯米线米粉以会展的方式做了一系列的消费宣传与引导。如表6-2所示，从2015—2018年，300~600个产品总量的马铃薯米线米粉在广西的农业科技成果、农业项目投资合作、名特优农产品、发明创造成果等大型交流会上向上千的企业、参展商和普通民众展示。从消费者的反馈来看，参展的群众较为主动地了解马铃薯主食化产品的原料构成、加工技术、用的是不是有机马铃薯（少数关注是否转基因）以及询问食用方法、价格、购买渠道（有部分寻求批发），接受度和主动性较强，且在购买食用后，会有部分消费者有较强的回购愿望。此外，通过市场调查发现，广西地区的消费者倾向于购买马铃薯原生态米粉（不带调料包），且对榨粉的需求远高于切粉；而非广西地区的消费者因为马铃薯螺蛳粉方便快捷、营养合理，倾向于购买。然而，目前存在3个制约因素：一是普通消费者对马铃薯主食化的认知度还不高，对主食产品的消费多出于好奇，较难形成稳定的消费群体；二是近几年受到电商的影响，广西螺蛳粉销量剧增，但复水时间一直是限制螺蛳粉销售的一大瓶颈；三是市面上仿制商品较多，且大部分以马铃薯淀粉加工，但都打着马铃薯主食化旗号，普通消费者难以分辨，买到质量较差的产品，会造成对主食化的误解。因此，开展统一的马铃薯主食产品认证与标志，才有利于市场推广。

表 6-2　广西开展的马铃薯主食产品消费宣传与消费者反馈情况

时间	活动	地点	产品类型	产品总量（kg）	面向人群	人群规模（人）	消费者反馈
2015 年 11 月	广西首届农业科技成果展示对接会	广西南宁	马铃薯原生态米粉	450	企业、参展商、普通民众	2 000	以前没见过，表示希望在超市能买到
2015 年 11 月	广西第八届-东盟（百色）现代农业展示交易会	广西百色	马铃薯原生态米粉	450	企业、参展商、普通民众	约 3 000	以前没见过，表示希望能购买，但是价格贵
2016 年 6 月	广西农业项目合作洽谈暨科技成果展示对接会	广西南宁	马铃薯原生态米粉、马铃薯螺蛳粉、马铃薯老友粉	300	企业、参展商、普通民众	1 200	受到好评
2016 年 11 月	广西第九届中国-东盟（百色）现代农业展示交易会	广西百色	马铃薯原生态米粉、马铃薯螺蛳粉、马铃薯老友粉	300	企业、参展商、普通民众	约 2 000	消费者更倾向于购买不带调料的马铃薯原生态米粉
2017 年 11 月	广西农业项目投资合作对接洽谈会	广西南宁	马铃薯原生态米粉、马铃薯螺蛳粉、马铃薯老友粉	450	企业、参展商、普通民众	1 000	企业有较强的合作意向，据悉一家广东的企业已在生产销售
2017 年 11 月	第十三届广西名特优农产品交易会	广西桂林	马铃薯原生态米粉、马铃薯螺蛳粉、马铃薯老友粉	450	企业、参展商、普通民众	2 000	消费者更倾向于购买马铃薯原生态米粉和马铃薯螺蛳粉
2018 年 5 月	全国科技活动周广西活动暨第二十七届广西科技活动周创新驱动发展成就展	广西南宁	马铃薯原生态米粉、马铃薯螺蛳粉、马铃薯老友粉、桂农薯 1 号马铃薯米粉和桂彩薯 1 号马铃薯米粉	600	企业、参展商、普通民众	约 3 000	吸引了许多企业及观众参观，不断有人前来询问如何购买及销售价格

（续表）

时间	活动	地点	产品类型	产品总量（kg）	面向人群	人群规模（人）	消费者反馈
2018 年 5 月	第八届广西发明创造成果展览交易会	广西南宁	马铃薯原生态米粉、马铃薯螺蛳粉、马铃薯老友粉、桂农薯 1 号马铃薯米粉和桂彩薯 1 号马铃薯米粉	600	企业、参展商、普通民众	约 3 000	自治区领导对产品给予了充分的肯定，并鼓励项目组继续攻克关键技术，开发出更多种类的马铃薯米粉产品
2018 年 6 月	全国马铃薯大会	云南省昭通市	桂农薯 1 号马铃薯米粉和桂彩薯 1 号马铃薯米粉	10 000	企业、参展商、普通民众	约 30 000	吸引了许多企业及观众参观并品尝，深受欢迎，不断有人前来询问如何购买及销售价格
2018 年 9 月	第十届东盟博览会	广西南宁	马铃薯原生态米粉	450	企业、参展商、普通民众	约6 000	购买欲望较强

数据来源：调查数据整理

五、本章小结

南方冬闲田区的马铃薯主食产业化推进经验做法是以提高南方冬闲田土地资源利用，结合马铃薯米线米粉开发需求，开展适应南方冬闲田地区的水田旱地的高效种植技术，并推动南方饮食习惯的马铃薯米线米粉产品研发、开发、加工、市场推广、销售一体化协调发展。开展冬作马铃薯种植有利于提高南方冬闲田土地资源利用。广西具有得天独厚的气候、节令、区位优势，是我国典型的马铃薯秋冬种主产区，具有明显的市场优势与发展潜力。政府推行马铃薯主粮化政策、产业补贴政策，丰富了马铃薯主食产品种类，提高了产量和销售量。广西冬闲田的高效种植技术模式主要是以适合加工马铃薯米线品种的与幼龄果园间套种的高效种植技术模式（水肥一体化、半机械化生产、减肥减药）、冬闲田马铃薯减肥减药的高效种植技术模式（小整薯播种、半机械化生产）以及“早稻+再生稻+冬马铃薯”的高效种植技术模式等。而一体化区域协调推进技术模式是形成马铃薯覆盖消费（营养）、产品、加工、品种、生产全链条的主粮化关键技术体系。虽然研制和生产了一些针对南方饮食习惯的马铃薯米粉米线产品，但规模化、标准化程度仍不高；马铃薯品种的市场价格变动各异，但总体上销售量上升，马铃薯主食产品有批发、零售、电商等销售模式，但存在价格高、产品外观等问题，不利于市场推广。马铃薯米线米粉产品以会展的方式开展了消费宣传与引导，引起了消费者的关注和好奇，但仍存在仿制商品等问题，影响了消费者对主食化的误解。

第七章　马铃薯主食产业化区域推进竞争力比较研究

基于第二章到第六章关于华北地下水漏斗区、半干旱地区、西北旱区、黑龙江省垦区、南方冬闲田区马铃薯主食产业化区域推进经验做法总结，本章基于钻石模型分析框架，从生产要素、需求要素、相关和支持产业、企业战略、组织、竞争状态、政府、机遇等6个因素对五大区域的马铃薯主食产业化推进做法进行竞争力评价和比较，并进行综合竞争力排名。

一、马铃薯主食产业化区域推进的生产要素

五大区域马铃薯主食产业化推进的生产要素主要分为基础要素和高级要素（表7-1）。基础要素方面，华北地下水漏斗区虽然面临地下水超量开采，水资源极度匮乏等问题，但该区土壤多为壤土、沙壤土，适宜种植马铃薯，且雨季为每年3—6月，与马铃薯生育期相吻合。半干旱地区具有良好的马铃薯生产环境，生产区域内气候、温度、土壤、空气、水的污染很小，农药、化肥施用量小，雨热与薯块膨大期同步，有利于马铃薯干物质积累和增产，种植区域海拔高，对病虫害传播有天然的隔离作用，有效减缓了马铃薯品种和品质的退化速度。西北旱区日照长，光热资源丰富，昼夜温差大，水

资源也较充足，为马铃薯生产提供了良好的条件。黑龙江省垦区土质肥沃、气候冷凉、地下水品质优良，是我国马铃薯主要产区。南方冬闲田区属亚热带湿润季风气候区，具有良好的光、温等气候资源和土壤大多适合种植马铃薯，是我国南方地区最大的冬季马铃薯生产基地。高级要素方面，各大区域均具备优良的科技研发基础，拥有专业的马铃薯研究机构，为马铃薯主食产品加工提供良种、种植、加工技术与设备、消费引导等支持。综合基础要素和高级要素来看，五大区域的生产要素均最为马铃薯主食产业化推进提供良好的条件，均得到最高分 5 分①。

表 7-1 五大区域推进马铃薯主食产业化的生产要素

区域	主要省市	基础要素	高级要素
华北地下水漏斗区	衡水等河北南部城市	土壤大多为壤土、沙壤土，适宜种植马铃薯，其雨季为每年 3—6 月，与当地马铃薯生育期相吻合	衡水等市拥有专业的马铃薯研究机构，如河北省农林科学院旱作农业研究所
半干旱地区	甘肃	甘肃省具有良好的马铃薯生产环境，生产区域内气候、温度、土壤、空气、水的污染很小，农药、化肥施用量小，雨热与薯块膨大期同步，有利于马铃薯干物质积累和增产，种植区域海拔高，对病虫害传播有天然的隔离作用，有效减缓了马铃薯品种和品质的退化速度	甘肃省拥有专业的马铃薯研究机构，如甘肃省农业科学院马铃薯研究所
西北旱区	新疆	降水量少，气候干燥。新疆日照长，光热资源丰富，昼夜温差大，水资源也较充足，这些都为马铃薯产业发展提供了良好的条件	新疆维吾尔自治区拥有专业的马铃薯研究机构，如新疆农业科学院经济作物研究所、新疆农业科学院农产品贮藏加工研究所
黑龙江省垦区	黑龙江	土质肥沃、气候冷凉、地下水品质优良，是中国马铃薯主要产区	黑龙江省拥有专业的马铃薯研究机构，如东北农业大学、黑龙江八一农垦大学、黑龙江省农业科学院、黑龙江省农垦科学院经济作物研究所等一系列从事马铃薯研究的科研院所。国家级马铃薯改良中心和亚洲最大的马铃薯基因库坐落在黑龙江省克山县

① 为获得综合竞争力排名，对钻石模型 6 个因素分析均分别采用 1~5 分评分，1 分代表最低分，5 分代表最高分。

（续表）

区域	主要省市	基础要素	高级要素
南方冬闲田区	广西	具有良好的光、温等气候资源和广阔的冬闲土地资源	广西壮族自治区拥有专业的马铃薯研究机构，如广西农业科学院经济作物研究所、广西农业科学院农产品加工研究

二、马铃薯主食产业化区域推进的需求要素

需求要素主要体现为五大区域的消费者对主食产品的需求状况。如表 7-2 所示，总体上各大区域的消费者较多将鲜薯当菜用，缺乏马铃薯主食化的认知，难以改变传统的大米、小麦等主食消费习惯，但经过主食宣传引导，消费者逐渐了解其营养价值和功能，并对口感评价不错，也尝试购买了一些主食产品。可见，五大区域的马铃薯主食消费市场培育仍任重道远，需求要素尚未对马铃薯主食产业化推进形成有效的拉动作用，但主食消费趋向良好，高于平均分(2.5 分)，故均得分 3 分。

表 7-2 五大区域推进马铃薯主食产业化的需求要素

区域	马铃薯主食产品市场需求
华北地下水漏斗区	当地居民一直将鲜薯当菜用，但通过电视等媒体的宣传，居民对主食产品的营养价值和功能的了解程度不断上升，马铃薯食用方式多样化，如蒸土豆、烤土豆、土豆泥以及土豆切丝加面粉做成土豆饼、马铃薯面条与马铃薯馒头等
半干旱地区	甘肃有悠久的马铃薯饮食文化传统，马铃薯是当地居民每日三餐中的一道辅助粮，以烧洋芋、烤洋芋、和面、炒菜等鲜薯消费为主，并在农村基本实现了主食化。但缺乏主食化认识，对马铃薯面条、馒头等主食产品消费较少
西北旱区	马铃薯在新疆传统饮食中以菜用为主，如酸辣土豆丝、土豆片等，也作为辅料加入大盘鸡、清炖羊肉中。虽然当地居民逐渐了解马铃薯主食产品营养价值和功能，对马铃薯馕、马铃薯蛋糕产品的风味口感评价很高，接受并主要购买马铃薯蛋糕，但在短时间内较难接受将马铃薯主食产品作为平常的主食

（续表）

区域	马铃薯主食产品市场需求
黑龙江省垦区	居民对马铃薯主食产品的评价为口感不错，但对马铃薯主食化产品的认同度不高，饮食习惯在短时间内难以改变
南方冬闲田区	居民对马铃薯主食化的认知度还不高，对主食产品的消费多出于好奇，较难形成稳定的消费群体。市面上仿制商品较多，都打着马铃薯主食化旗号，居民难以分辨，买到质量较差的产品，对主食化产生误解

三、马铃薯主食产业化区域推进的企业战略、组织、竞争状态

马铃薯主食产业化区域推进的企业战略、组织、竞争状态主要体现为各区域马铃薯主食加工企业的数量、运作模式与生产的主食产品（表 7-3）。目前，华北地下漏斗区仍缺乏马铃薯主食加工企业，加工转化率低，所以仅对其他区域进行分析。马铃薯主食加工企业方面，各区域的加工企业数量逐年增加，覆盖淀粉、全粉以及主食产品加工，其中，西北旱区的加工企业数量最多。企业运作模式方面，各区域均采用产学研的运作模式，由科研院所负责主食产品研发，然后交由企业批量生产与市场推广，适合主食产品加工的鲜薯由企业生产基地、农户、合作社订单提供。生产的主食产品方面，各区域均开发了适合当地饮食习惯的特色马铃薯主食产品，如大列巴、馕、米线和米粉。此外，半干旱地区和西北旱区还开发了大众主食产品、休闲功能型主食产品和功能性主食产品。综合来看，西北旱区的企业数量最多，且开发的马铃薯主食产品种类多样，获得最高得分（5 分）。

表 7-3　五大区域推进马铃薯主食产业化的企业因素

区域	马铃薯主食加工企业	企业运作模式	生产的主食产品
华北地下水漏斗区	无	无	无
半干旱地区	2018 年有 34 家，包括全粉加工企业、淀粉加工企业、食品加工企业	科研院所+企业+基地+农户	开发的马铃薯主食产品有 4 类 30 多种，包括马铃薯馒头等大众主食产品、马铃薯烤馍等地域特色主食产品、薯条等休闲功能型主食产品、马铃薯无矾粉皮粉条等功能性主食产品
西北旱区	2018 年有 50 家，包括全粉加工企业、淀粉加工企业、食品加工企业	科研院所+企业+基地+农户	开发的马铃薯主食产品种类丰富，包括马铃薯粉条、粉丝、粉皮、马铃薯馕、马铃薯甜甜圈、马铃薯蛋糕等产品
黑龙江省垦区	2018 年拥有 23 家淀粉加工企业、1 家全粉加工企业以及 4 家主食产品加工企业	科研院所+企业+基地+农户	开发马铃薯大列巴和马铃薯发糕等地域特色主食产品
南方冬闲田区	2018 年拥有 6 家淀粉加工企业、1 家全粉加工企业以及 6 家主食产品加工企业	科研院所+企业+合作社、科研院所+企业+农户	开发马铃薯榨粉、马铃薯罗秀米粉、马铃薯快复水米粉、马铃薯鲜榨粉、马铃薯鲜切粉、马铃薯保鲜米等等地域特色主食产品

四、马铃薯主食产业化区域推进的相关和支持产业

马铃薯主食产业化区域推进的相关和支持产业主要是马铃薯主食产品加工环节上游的种薯生产环节和马铃薯主食品种种植环节以及下游的马铃薯主食产品销售环节（表 7-4）。种薯生产方面，以甘肃为代表的半干旱地区是全国最大的脱毒种薯生产基地，而其他区域以引进和改良为主。从种植模式看，各大区域均根据气候、水源、土地等地区特色开展不同的种植模式，其中，华北地下水漏斗区、黑龙江省垦区、南方冬闲田区的种植模式比较成熟，均申请了地方标准。从种植情况看，在主粮化战略推行下，华北地下水漏斗区、

半干旱地区的种植面积扩大，西北旱区、南方冬闲田区的种植面积稳定，但黑龙江省垦区种植面积下降；黑龙江省垦区与西北旱区北疆区域的机械化水平较高，其他区域的生产机械化程度较低；半干旱地区、西北旱区受自然灾害影响单产水平下降，而黑龙江省垦区单产水平稳定，唯有华北地下水漏斗区单产水平总体提升；五大区域在马铃薯种植同时还开展轮作倒茬。从销售模式看，五大区域均采用了零售、批发等传统销售模式，半干旱地区和南方冬闲田区采用了线上销售模式。市场销售量方面，除了华北地下漏斗区外，其他区域均通过不同形式的宣传引导，提高了主食产品的市场销售额。综合来看，半干旱地区以种薯生产基地、种植面积大扩大、采用线上销售等优势，获得最高得分（5 分）。

表 7-4　五大区域推进马铃薯主食产业化的相关和支持产业

区域	种薯环节	主食品种种植环节		主食产品销售环节	
	种薯生产	种植模式	种植情况	销售模式	市场销售量
华北地下水漏斗区	无	“马铃薯+谷子/玉米/豆类”一年两作替代种植模式	种植面积扩大，生产机械化率总体上逐年提升，单产水平总体提升，轮作倒茬的农作物品种数量增加	批发、零售	主食产品的占有率缓慢提升，销售额上升
半干旱地区	全国最大的脱毒种薯生产基地	“马铃薯+谷子”和“马铃薯+玉米”一年两熟节水高效种植模式	种植面积扩大，生产机械化率不高，受自然灾害影响单产水平不高，轮作倒茬的农作物均为豆类、小麦、玉米等	批发、零售、线上销售	通过宣传引导，马铃薯主食产品销售额不断增加
西北旱区	无	“果树-马铃薯”间作马铃薯高产优质栽培	南疆地区种植品种为费乌瑞它，种植面积稳定，生产机械化率不高，单产水平不高，轮作倒茬的农作物是玉米；北疆地区种植品种为大西洋、克新 1 号，生产机械化率较高，单产水平高	批发、零售	通过宣传引导，提高了马铃薯主食产品的销售额

（续表）

区域	种薯环节	主食品种种植环节		主食产品销售环节	
	种薯生产	种植模式	种植情况	销售模式	市场销售量
黑龙江省垦区	无	全程机械化配套栽培技术与模式	种植面积先扩大后缩小，生产机械化率高，单产水平稳定，轮作倒茬的农作物品种不同	批发、零售	通过宣传引导，提高了马铃薯主食产品的销售额
南方冬闲田区	无	水田、旱地净作模式以及香蕉（或火龙果）套种马铃薯等间套种模式	种植面积稳定在10万亩左右，种植品种多样，生产机械化率不高，受自然灾害影响单产水平下降，香蕉、水稻为轮作倒茬作物	批发、零售、线上销售	通过宣传引导，提高了马铃薯主食产品的销售额

五、马铃薯主食产业化区域推进的政府因素

马铃薯主食产业化区域推进的政府因素主要体现为支持政策、主推品种是否进入省（区）主推目录两方面（表7-5）。从支持政策来看，仅华北地下水漏斗区、半干旱地区的政府出台了针对马铃薯主食产业化的政策文件，如《河北省马铃薯主食产品及产业开发试点实施方案》正式启动马铃薯主食产品开发试点工作。张家口、石家庄、秦皇岛3市为试点地区，6家企业负责马铃薯主食产品开发生产。试点秦皇岛市对马铃薯主食产品进行补贴，陆续举办富有特色的以马铃薯营养为主题的宣传活动，提升消费者对马铃薯主食产品的消费认知度，逐步扩大马铃薯主食的消费市场。《关于2018年马铃薯主食开发试点项目实施方案及资金计划的通知（甘农牧财发〔2018〕68号）》安排1 000万元专项用于马铃薯主食产品及产业开发试点工作，主要通过对甘肃省加工和销售马铃薯主食产品的重点试点企业进行补贴，用以改善马铃薯主食产品加工成本较高、市场

销售渠道较窄的情况。从主推品种是否进入省（区）主推目录方面，半干旱地区主推的大西洋、夏坡蒂、费乌瑞它，西北旱区主推的费乌瑞它、大西洋、克新1号、陇薯3号以及黑龙江省垦区主推的大西洋、延薯四进入了省（区）主推目录。相比之下，半干旱地区的政府比较重视推进当地的马铃薯主食产业化，既出台了马铃薯主食产业化的政策文件，也将主推的品种列入省（区）重点推广品种目录。

表 7–5　五大区域推进马铃薯主食产业化的政策因素

区域	支持政策	主推品种是否进入省（区）主推目录
华北地下水漏斗区	《河北省马铃薯主食产品及产业开发试点实施方案》	无
半干旱地区	《关于2018年马铃薯主食开发试点项目实施方案及资金计划的通知（甘农牧财发〔2018〕68号）》	大西洋、夏坡蒂、费乌瑞它进入主推目录
西北旱区	无	费乌瑞它、大西洋、克新1号、陇薯3号等品种进入主推目录
黑龙江省垦区	无	大西洋、延薯四进入主推目录
南方冬闲田区	无	无

六、马铃薯主食产业化区域推进的机遇因素

马铃薯主食产业化区域推进的机遇既来自深入发展的经济全球化，又来自于国内的政策利好。一方面，发达国家先进的马铃薯加工技术和装备、新型产品等加速向中国市场推广，且发展中国家、新兴市场国家对马铃薯精深加工产品和技术需求的增加；另一方面，自2015年我国正式提出马铃薯主粮化战略以来，中央政府出台了一系列马铃薯主食化政策给五大区域的主食产业化区域推进提供了良

好的发展机遇（表 7-6）。2016 年中央一号文件积极推进马铃薯主食开发。2016 年年初，农业农村部发布《关于推进马铃薯产业开发的指导意见》，提出“把马铃薯作为主粮产品进行产业化开发”的要求。同年，发布《马铃薯加工业“十三五”发展规划（2016—2020）》，提出马铃薯主食加工的发展目标。2016 年年底，国务院办公厅发布《关于进一步促进农产品加工业发展的意见》明确提出“加快推进马铃薯主食化”的要求。2017 年中央一号文件提出“实施主食加工业提升行动，积极推进传统主食工业化、规模化生产，大力发展马铃薯主食产品”的要求。2017 年，国务院办公厅发布《国民营养计划》提出“继续推进马铃薯主食产品研发与消费引导”的要求。由此可见，目前国内外的形势为各大区域的马铃薯主食产业化推进提供难得的机遇，得到最高分 5 分。

表 7-6　五大区域推进马铃薯主食产业化的机遇因素

时间	政策文件	内容
2016 年	《中共中央，国务院关于落实发展新理念加快农业现代化实现全面小康目标的若干意见》（“中央一号”文件）	积极推进马铃薯主食开发
2016 年	《关于推进马铃薯产业开发的指导意见》〔2018〕68 号）》	推进马铃薯主食产品开发，科学引导主食消费；开发适宜不同区域、不同消费群体、不同营养功能的马铃薯主食产品；开展马铃薯主食产品营养功能评价；引导金融机构扩大对马铃薯主食产业的信贷支持力度；建立马铃薯主食产品质量追溯制度
2016 年	《马铃薯加工业“十三五”发展规划（2016—2020）》	开发马铃薯主食、副食等配餐和方便食品，满足人们由吃得饱向吃得健康转变的消费需求；在城市区域及其周边地区，发展高附加值的薯片、薯条等休闲食品、新产品，开发马铃薯主食、菜肴等多样化方便食品
2016 年	《关于进一步促进农产品加工业发展的意见》	加快推进马铃薯等薯类产品主食化
2017 年	《中共中央，国务院关于深入推进农业供给侧结构性改革加快培育农业农村发展新动能的若干意见》（中央一号文件）	大力发展马铃薯主食产品

（续表）

时间	政策文件	内容
2017 年	《国民营养计划（2017—2030 年）》	继续推进马铃薯主食产品研发与消费引导，以传统大众型、地域特色型、休闲及功能型产品为重点，开展营养主食的示范引导

七、综合竞争力比较分析

结合上述五大区域在钻石模型 6 个因素的得分情况，形成各区域的综合竞争力。如表 7-7 和图 7-1 所示，五大区域在生产要素、需求要素、机遇等方面没有差异，但半干旱地区在企业战略、组织、竞争状态、相关和支持产业、政府因素等方面具有较强的竞争力，综合竞争力总分 27 分，位居五大区域之首；西北旱区、黑龙江省垦区综合竞争力并列第二，其中，西北旱区在企业战略、组织、竞争状态、政府因素方面优于黑龙江省垦区，但在相关和支持产业仍有提高空间；南方冬闲田区综合竞争力排名第四，政府支持是未来努力的方向。

表 7-7　基于钻石模型各区域推进做法竞争力评价

	生产要素	需求要素	企业战略、组织、竞争状态	相关和支持产业	政府	机遇	总分
华北地下水漏斗区	5	3	1	2	2	5	18
半干旱地区	5	3	4	5	5	5	27
西北旱区	5	3	5	1	4	5	23
黑龙江省垦区	5	3	3	4	3	5	23
南方冬闲田区	5	3	2	3	1	5	19

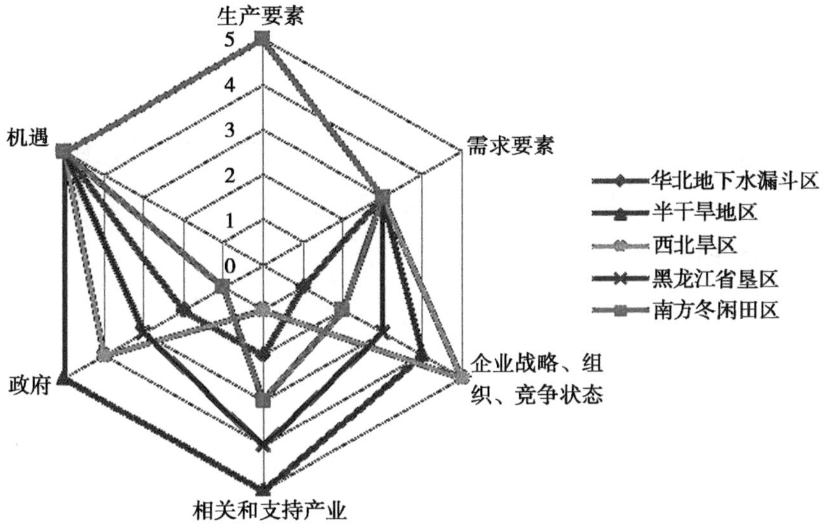

图 7-1　五大区域马铃薯主食产业化推进做法的竞争力比较

八、本章小结

本章基于钻石模型框架对华北地下水漏斗区、半干旱地区、西北旱区、黑龙江省垦区、南方冬闲田区马铃薯主食产业化区域推进做法的竞争力进行分析：生产要素方面，各大区域均具备了马铃薯种植的自然条件以及支撑马铃薯主食产业化研究的机构与人才；需求要素方面，五大区域消费者仍未能转变马铃薯菜用消费的习惯，但对马铃薯主食产品的营养价值和功能认识程度逐渐提高，也逐渐接受主食产品；企业战略、组织、竞争状态方面，西北旱区的主食产品加工企业数量最多，且开发了大众、功能与区域特色主食产品，竞争力排名第一；相关和支持产业方面，半干旱地区以种薯生产基地、种植面积扩大、采用线上销售等优势获得最佳竞争力；政府方面，半干旱地区的政府出台了马铃薯主食化政策，也将主推的品种列入了省重点推广品种目录，竞争力位居首位。机遇方面，经济全球化形势与国内马铃薯主食产业推进政策给区域发展带来千载难逢的机遇。综合来看，半干旱地区马铃薯主食产业化推进做法的综合竞争力最高，其次是西北旱区、黑龙江省垦区、南方冬闲田区和华北地下水漏斗区。

第八章　结论与政策建议

本书的第二章到第六章开展了华北地下水漏斗区、半干旱地区、西北旱区、黑龙江省垦区、南方冬闲田区等五大主食产业化区域的案例研究与总结区域推进的经验做法，并在第七章基于钻石模型对各大区域推进经验做法进行竞争力评价与比较。本章致力于梳理全文得出的结论，在结论的基础上提炼政策建议。

一、研究结论

基于政府支持、马铃薯主食品种种植、马铃薯加工、马铃薯市场、消费者的马铃薯主食产品认知等5个方面对华北地下水漏斗区、半干旱地区、西北旱区、黑龙江省垦区、南方冬闲田区的马铃薯主食产业化区域推进做法进行研究，得出如下结论。

1. 政府支持方面

华北地下水漏斗区、半干旱地区的省政府出台了针对马铃薯主食化的支持政策，分别促进了漏斗区的节水增产增效与薯农的脱贫致富；半干旱地区、西北旱区、黑龙江省垦区主推的马铃薯品种进入省（区）重点推广品种目录。

2. 马铃薯主食品种种植方面

华北地下水漏斗区、黑龙江省垦区、南方冬闲田区的种植模式均申请了地方标准，华北地下水漏斗区、半干旱地区的种植面积扩大，黑龙江省垦区的生产机械化水平较高，华北地下水漏斗区单产水平总体提升，西北旱区的马铃薯生产效益较高。

3. 马铃薯加工方面

西北旱区的马铃薯主食加工企业数量最多，多数区域均开展产学研的主食产品加工运作模式；半干旱地区和西北旱区除开发适合当地饮食习惯的特色马铃薯主食产品外，还有大众主食产品、休闲功能型主食产品和功能性主食产品。

4. 马铃薯市场方面

半干旱地区和南方冬闲田区对马铃薯销售采用了传统的批发、零售和线上销售模式，五大区域均面临鲜薯市场行情不佳等问题，多数区域均通过不同形式的宣传引导，提高了主食产品的市场销售额。

5. 消费者的马铃薯主食产品认知方面

各大区域的消费者正逐步在接触马铃薯主食产品，认知度仍不高，其中，西北旱区的消费者对主食产品的营养价值和功能有所了解并接受马铃薯主食产品，西北旱区的消费者和黑龙江省垦区的消费者对马铃薯主食产品口感评价不错。

6. 各区域做法竞争力方面

基于钻石模型分析发现，生产要素方面，各区域具备马铃薯种植自然条件与科研机构；机遇方面，经济全球化与主食化政策带来良好机遇；需求要素方面，各区域居民未能改变传统消费习惯，但逐渐增加主食产品需求；企业战略、组织、竞争状态方面，西北旱区主食加工企业最多，且开发了大众、功能与区域特色产品；相关和支持产业方面，半干旱区以种薯、种植、销售等优势获得最佳竞争力；政府方面，半干旱区出台了马铃薯主食化政策，主推品种进入省重点推广目录。综合来看，半干旱区竞争力最高，其次是西北旱区、黑龙江省垦区、南方冬闲田区和华北地下水漏斗区。

二、政策建议

马铃薯主食产业化区域推进对保障国家粮食、贫困人口脱贫攻坚、一二三产业融合、农业供给侧结构性改革、乡村振兴与保障国民营养健康具有重要意义。围绕研究结论，拟从政府支持、马铃薯主食品种种植、马铃薯加工、马铃薯市场、消费者的马铃薯主食产品认知等方面对我国马铃薯主食产业化区域推进提出如下政策建议。

1. 出台针对性的区域主食化支持政策

虽然西北旱区、黑龙江省垦区、南方冬闲田区出台了一些马铃薯产业政策，但主食化相关支持政策有待加强。因此，这三大区域的省（区）政府要从主食品种培育、主食加工技术设备创新、专业人才引进与培育等方面制定马铃薯主食支持政策。对于华北地下水漏斗区，省（区）政府应考虑在河北省马铃薯主食产品及产业开发第二批试点城市中，将衡水市列入主食产品开发试点市，从全产业链的视角制定政策，提供产业配套设施支持。

2. 促进马铃薯主食品种种植标准化、规模化、机械化

半干旱地区、西北旱区应进一步促进马铃薯主食品种种植模式成熟化，并加紧申请地方标准；黑龙江省垦区提高生产技术，扩大马铃薯主食优质品种种植面积；华北地下水漏斗区、半干旱地区、

西北旱区科研院所应根据种植区域特征，采用适合的农业机械设施，提高马铃薯主食品种机耕水平和单产水平。为降低自然灾害的影响，多数区域应加紧研发抗病虫害与其他自然灾害的新品种以及改善种植技术与模式。针对种植成本上升与净利润下降等问题，多数区域应促进马铃薯的适度规模化与集约化种植，并合理运用农业科学技术降低生产资料的投入。

3. 促进马铃薯主食产品加工与丰富主食产品

马铃薯主食产品加工业是“粮头食尾”“农头工尾”的有力抓手。华北地下漏斗区等区域的主食加工企业与相关产品比较薄弱，当地政府应鼓励引导相关企业参与马铃薯淀粉、全粉与当地饮食习惯的马铃薯主食产品生产，促进马铃薯主食产品产加销一体化。当前，应促进黑龙江省垦区、南方冬闲田区等区域进一步丰富马铃薯主食产品生产，鼓励引进或发明主食产品专用设备与核心关键技术，促进大众主食产品、休闲功能型主食产品和功能性主食产品开发。

4. 完善马铃薯销售模式与促进各区域协调推进

华北地下水漏斗区、西北旱区、黑龙江省垦区应创新鲜薯和马铃薯主食产品的销售模式，开展线上线下的销售模式，扩大市场销售渠道。为避免鲜薯同时上市，供过于求，价格下跌，五大区域应成立马铃薯产业联盟，区域协调推进鲜薯错峰上市时间。

5. 关注重点人群的市场需求

五大区域面临市场需求短期不足的共性问题，因此，除了广范围、多形式的马铃薯营养主题的宣教活动外，还要根据儿童青少年、老人、孕产妇与婴幼儿、营养慢性病人群与中高收入人群的需求开发马铃薯主食产品并进行针对性的科普宣传。

附录　马铃薯主食产业化区域推进做法调查问卷

第一部分：

马铃薯产业推进有哪些经验＿＿＿＿＿＿＿＿＿＿＿＿＿＿＿＿，

具体内容＿＿＿＿＿＿＿＿＿＿＿＿＿＿＿＿＿＿＿＿＿＿＿＿＿。

该做法是否成熟＿＿＿＿＿＿＿＿＿＿＿＿＿＿＿＿＿＿＿＿＿＿。

该做法的优势＿＿＿＿＿＿＿＿＿，劣势＿＿＿＿＿＿＿＿＿＿。

第二部分：

一、政府支持方面

（一）2015 年以来，所在区域的省（区）政府推行的马铃薯主粮化政策文件，请罗列：

＿＿＿＿＿＿＿＿＿＿＿＿＿＿＿＿＿＿＿＿＿＿＿＿＿＿＿＿＿。

（二）2015 年以来，所在区域的省（区）政府推行的马铃薯产业补贴政策文件，请罗列：

1. ＿＿＿＿＿＿＿＿＿＿＿＿＿＿＿＿＿＿＿＿＿＿＿＿＿＿＿。

2. ＿＿＿＿＿＿＿＿＿＿＿＿＿＿＿＿＿＿＿＿＿＿＿＿＿＿＿。

3. ＿＿＿＿＿＿＿＿＿＿＿＿＿＿＿＿＿＿＿＿＿＿＿＿＿＿＿。

（三）2015 年以来，所在区域的省（区）政府推行的马铃薯产业配套设施政策文件，请罗列：

1. ＿＿＿＿＿＿＿＿＿＿＿＿＿＿＿＿＿＿＿＿＿＿＿＿＿＿＿。

2. ____。

3. ____。

（四）2015 年以来，上述政策实施的成效有哪些：

1. ____。

2. ____。

3. ____。

（五）2015 年以来，上述政策实施后存在哪些问题：

1. ____。

2. ____。

3. ____。

（六）2015 年，所在区域的省（区）主推的马铃薯主粮化品种有________，________，________，其中，________、________、________进入省主推目录。

（七）2016 年，所在区域的省（区）主推的马铃薯主粮化品种有________，________，________，其中，________、________、________进入省主推目录。

（八）2017 年，所在区域的省（区）主推的马铃薯主粮化品种有________，________，________，其中，________、________、________进入省主推目录。

（九）2018 年，所在区域的省（区）主推的马铃薯主粮化品种有________，________，________，其中，________、________、________进入省主推目录。

（十）2015 年、2016 年、2017 年、2018 年的马铃薯主粮化品种示范基地面积分别为________，________，________，________。

二、马铃薯主食品种种植方面

2015 年以来，马铃薯主食品种种植情况

<table>
<tr><td rowspan="3">2015 年，马铃薯主食品种种植面积累计___亩</td><td>品种 1 名称：______，种植模式______，一年______季，种植面积______亩，单产______g/亩，机械化率______%，轮作倒茬的农作物______；总成本______元/亩，其中种子______元/亩，肥料______元/亩，农药______元/亩，人工______元/亩，地租______元/亩，市场价格______元/kg，市场销售量______kg/年，净利润：______元/亩。用水______m^3/亩。旱灾造成亩均减产______%，病害造成亩均减产______%，虫害造成亩均减产______%。</td></tr>
<tr><td>品种 2 名称：______，种植模式______，一年______季，种植面积______亩，单产______g/亩，机械化率______%，轮作倒茬的农作物______；总成本______元/亩，其中种子______元/亩，肥料______元/亩，农药______元/亩，人工______元/亩，地租______元/亩，市场价格______元/kg，市场销售量______kg/年，净利润：______元/亩。用水______m^3/亩。旱灾造成亩均减产______%，病害造成亩均减产______%，虫害造成亩均减产______%。</td></tr>
<tr><td>品种 3 名称：______，种植模式______，一年______季，种植面积______亩，单产______g/亩，机械化率______%，轮作倒茬的农作物______；总成本______元/亩，其中种子______元/亩，肥料______元/亩，农药______元/亩，人工______元/亩，地租______元/亩，市场价格______元/kg，市场销售量______kg/年，净利润：______元/亩。用水______m^3/亩。旱灾造成亩均减产______%，病害造成亩均减产______%，虫害造成亩均减产______%。</td></tr>
<tr><td rowspan="3">2016 年，马铃薯主食品种种植面积累计___亩</td><td>品种 1 名称：______，种植模式______，一年______季，种植面积______亩，单产______g/亩，机械化率______%，轮作倒茬的农作物______；总成本______元/亩，其中种子______元/亩，肥料______元/亩，农药______元/亩，人工______元/亩，地租______元/亩，市场价格______元/kg，市场销售量______kg/年，净利润：______元/亩。用水______m^3/亩。旱灾造成亩均减产______%，病害造成亩均减产______%，虫害造成亩均减产______%。</td></tr>
<tr><td>品种 2 名称：______，种植模式______，一年______季，种植面积______亩，单产______g/亩，机械化率______%，轮作倒茬的农作物______；总成本______元/亩，其中种子______元/亩，肥料______元/亩，农药______元/亩，人工______元/亩，地租______元/亩，市场价格______元/kg，市场销售量______kg/年，净利润：______元/亩。用水______m^3/亩。旱灾造成亩均减产______%，病害造成亩均减产______%，虫害造成亩均减产______%。</td></tr>
<tr><td>品种 3 名称：______，种植模式______，一年______季，种植面积______亩，单产______g/亩，机械化率______%，轮作倒茬的农作物______；总成本______元/亩，其中种子______元/亩，肥料______元/亩，农药______元/亩，人工______元/亩，地租______元/亩，市场价格______元/kg，市场销售量______kg/年，净利润：______元/亩。用水______m^3/亩。旱灾造成亩均减产______%，病害造成亩均减产______%，虫害造成亩均减产______%。</td></tr>
</table>

<table>
<tr><td rowspan="3">2017 年，马铃薯主食品种种植面积累计____亩</td><td>品种 1 名称：________，种植模式________，一年________季，种植面积________亩，单产________g/亩，机械化率________%，轮作倒茬的农作物________________；总成本________元/亩，其中种子________元/亩，肥料________元/亩，农药______元/亩，人工________元/亩，地租________元/亩，市场价格________元/kg，市场销售量________kg/年，净利润：________元/亩。用水________m^3/亩。旱灾造成亩均减产________%，病害造成亩均减产________%，虫害造成亩均减产________%。</td></tr>
<tr><td>品种 2 名称：________，种植模式________，一年________季，种植面积________亩，单产________g/亩，机械化率________%，轮作倒茬的农作物________________；总成本________元/亩，其中种子________元/亩，肥料________元/亩，农药______元/亩，人工________元/亩，地租________元/亩，市场价格________元/kg，市场销售量________kg/年，净利润：________元/亩。用水________m^3/亩。旱灾造成亩均减产________%，病害造成亩均减产________%，虫害造成亩均减产________%。</td></tr>
<tr><td>品种 3 名称：________，种植模式________，一年________季，种植面积________亩，单产________g/亩，机械化率________%，轮作倒茬的农作物________________；总成本________元/亩，其中种子________元/亩，肥料________元/亩，农药______元/亩，人工________元/亩，地租________元/亩，市场价格________元/kg，市场销售量________kg/年，净利润：________元/亩。用水________m^3/亩。旱灾造成亩均减产________%，病害造成亩均减产________%，虫害造成亩均减产________%。</td></tr>
<tr><td rowspan="3">2018 年，马铃薯主食品种种植面积累计____亩</td><td>品种 1 名称：________，种植模式________，一年________季，种植面积________亩，单产________g/亩，机械化率________%，轮作倒茬的农作物________________；总成本________元/亩，其中种子________元/亩，肥料________元/亩，农药______元/亩，人工________元/亩，地租________元/亩，市场价格________元/kg，市场销售量________kg/年，净利润：________元/亩。用水________m^3/亩。旱灾造成亩均减产________%，病害造成亩均减产________%，虫害造成亩均减产________%。</td></tr>
<tr><td>品种 2 名称：________，种植模式________，一年________季，种植面积________亩，单产________g/亩，机械化率________%，轮作倒茬的农作物________；总成本________元/亩，其中种子________元/亩，肥料________元/亩，农药________元/亩，人工________元/亩，地租________元/亩，市场价格________元/kg，市场销售量________kg/年，净利润：________元/亩。用水________m^3/亩。旱灾造成亩均减产________%，病害造成亩均减产________%，虫害造成亩均减产________%。</td></tr>
<tr><td>品种 3 名称：________，种植模式________，一年________季，种植面积________亩，单产________g/亩，机械化率________%，轮作倒茬的农作物________________；总成本________元/亩，其中种子________元/亩，肥料________元/亩，农药______元/亩，人工________元/亩，地租________元/亩，市场价格________元/kg，市场销售量________kg/年，净利润：________元/亩。用水________m^3/亩。旱灾造成亩均减产________%，病害造成亩均减产________%，虫害造成亩均减产________%。</td></tr>
</table>

三、马铃薯加工方面

2015 年至今省（区）马铃薯加工企业情况

2015 年	1. 全粉加工＿＿＿＿家，全粉销售模式＿＿＿＿。 2. 淀粉加工＿＿＿＿家，全粉销售模式＿＿＿＿。 3. 食品加工＿＿＿＿家，主要有哪些产品＿＿＿＿，销售模式有哪些：＿＿＿＿。 4. 其他＿＿＿＿家，销售模式＿＿＿＿＿＿＿＿。
2016 年	1. 全粉加工＿＿＿＿家，全粉销售模式＿＿＿＿。 2. 淀粉加工＿＿＿＿家，全粉销售模式＿＿＿＿。 3. 食品加工＿＿＿＿家，主要有哪些产品＿＿＿＿，销售模式有哪些：＿＿＿＿。 4. 其他＿＿＿＿家，销售模式＿＿＿＿。
2017 年	1. 全粉加工＿＿＿＿家，全粉销售模式＿＿＿＿。 2. 淀粉加工＿＿＿＿家，全粉销售模式＿＿＿＿。 3. 食品加工＿＿＿＿家，主要有哪些产品＿＿＿＿，销售模式有哪些：＿＿＿＿。 4. 其他＿＿＿＿家，销售模式＿＿＿＿。
2018 年	1. 全粉加工＿＿＿＿家，全粉销售模式＿＿＿＿。 2. 淀粉加工＿＿＿＿家，全粉销售模式＿＿＿＿。 3. 食品加工＿＿＿＿家，主要有哪些产品＿＿＿＿，销售模式有哪些：＿＿＿＿。 4. 其他＿＿＿＿家，销售模式＿＿＿＿。

四、马铃薯市场与消费者对马铃薯主食化的认知方面

2015年至今省（区）主食化推广与消费情况

2015年	上市马铃薯的主食产品有哪些：产品1_______，价格_______，市场占有率_______%；产品2_______，价格_______，市场占有率_______%；产品3_______，价格_______，市场占有率_______%；产品4_______，价格_______，市场占有率_______%；消费者是否接受马铃薯食品（是　否），马铃薯主食产品营养价值和功能的了解程度（非常了解　了解　一般　不了解　非常不了解），主要购买的产品_______
2016年	上市马铃薯的主食产品有哪些：产品1_______，价格_______，市场占有率_______%；产品2_______，价格_______，市场占有率_______%；产品3_______，价格_______，市场占有率_______%；产品4_______，价格_______，市场占有率_______%；消费者是否接受马铃薯食品（是　否），马铃薯主食产品营养价值和功能的了解程度（非常了解　了解　一般　不了解　非常不了解），主要购买的产品_______
2017年	上市马铃薯的主食产品有哪些：产品1_______，价格_______，市场占有率_______%；产品2_______，价格_______，市场占有率_______%；产品3_______，价格_______，市场占有率_______%；产品4_______，价格_______，市场占有率_______%；消费者是否接受马铃薯食品（是　否），马铃薯主食产品营养价值和功能的了解程度（非常了解　了解　一般　不了解　非常不了解），主要购买的产品_______
2018年	上市马铃薯的主食产品有哪些：产品1_______，价格_______，市场占有率_______%；产品2_______，价格_______，市场占有率_______%；产品3_______，价格_______，市场占有率_______%；产品4_______，价格_______，市场占有率_______%；消费者是否接受马铃薯食品（是　否），马铃薯主食产品营养价值和功能的了解程度（非常了解　了解　一般　不了解　非常不了解），主要购买的产品_______
	消费者对马铃薯主食产品的评价与建议：_______________

参考文献

曹成欣 . 2016. 环渤海山东区现代农业发展模式及其实现机制研究 [D]. 泰安：山东农业大学.

车将 . 2015. 西北生态农业及产业化模式研究 [D]. 杨凌：西北农林科技大学.

陈萌山，王小虎 . 2015. 中国马铃薯主食产业化发展与展望 [J]. 农业经济问题（12）：4-11.

陈其兵，彭治云，唐峻岭，等 . 2015. 武威市不同生态区域马铃薯产业发展及竞争力提升建议 [J]. 中国马铃薯，29（1）：51-56.

高永刚，那济海，顾红，等 . 2007. 黑龙江省马铃薯气候生产力特征及区域规划 [J]. 中国农业气象，28（3）：275-280.

郭步庆，陶洪斌，王璞，等 . 2013. 华北平原不同粮作模式下作物水分利用 [J]. 中国农业大学学报，18（1）：53-60.

郭欣旺，周云凤 . 2010. 基于区域品牌战略的农业产业集群研究——以甘肃省定西市马铃薯产业集群为例 [J]. 古今农业（2）：38-43.

郭燕枝，王小虎，孙君茂 . 2014. 华北平原地下水漏斗区马铃薯替代小麦种植及由此节省的水资源量估算 [J]. 中国农业科技导报，16（6）：159-163.

韩黎明，原霁虹 . 2013. 基于区域视角的马铃薯产业文化研究［J］. 农产品加工业（9）：44-49.

胡永佳. 2007. 产业融合的经济学分析［D］. 北京：中共中央党校.

李安周 . 2011. 关中—天水经济区现代农业区域品牌建设模式探究——基于原产地形象的视角［J］. 安徽农业科学，39（20）：12524-12526.

李峻岭. 2009. 我国多功能农业发展研究——基于产业融合的角度［J］. 农业经济问题（3）：4-7.

李明朝 . 2017. 马铃薯主食产业化的南阳探索［J］. 农村·农业·农民（4B）：53.

刘小琅，任佐录，赵晓云 . 2016. 甘肃省发展马铃薯主食化的调研与对策建议［J］. 中国蔬菜（12）：10-13.

刘彦随，张紫雯，王介勇 . 2018. 中国农业地域分异与现代农业区划方案［J］. 地理学报，73（2）：203-218.

卢肖平 . 2015. 马铃薯主粮化战略的意义、瓶颈与政策建议［J］. 华中农业大学学报（社会科学版）（3）：1-7.

鲁翠 . 2017. 滕州市马铃薯主食产业化发展路径研究［D］. 郑州：河南工业大学.

马力文，刘静，马金富，等 . 2017. 海原县马铃薯气候适宜性精细化区域规划［J］. 中国马铃薯，31（4）：210-215.

苗百岭，侯琼，梁存柱 . 2015. 基于 GIS 的阴山旱作区马铃薯种植农业气候区域规划［J］. 应用生态学报，26（1）：278-282.

庞芳兰，2008. 发达国家马铃薯种薯产业的发展及其启示［J］. 世界农业（3）：53-55.

庞芳兰 . 2009. 区域营销与甘肃马铃薯产业集群的发展研究［J］. 乡镇经济（11）：87-90.

逄学思，曲峻岭，郭燕枝 . 2018. 中国马铃薯主食产业化现状及未来展望［J］. 农业展望（4）：28-31.

尚晋伊，史小峰 . 2018. 中国马铃薯主食产业化发展现状与前景展望［J］. 科技资讯（21）：109-111，115.

邵梅丽 . 2008. 基于循环经济理论的农业发展模式的研究——以浙江省为例［D］. 杭州：浙江工业大学.

孙东升，刘合光 . 2009. 我国马铃薯产业发展现状及前景展望［J］. 农业生产展望（3）：25-28.

王婧，逄焕成，任天志，等 . 2010. 黄淮海地区主栽作物水分供需平衡分析［J］. 灌溉排水学报，29（5）：106-109.

王秀丽，王小虎 . 2018. 瑞典、挪威与俄罗斯 3 国马铃薯的生产消费及对中国推进马铃薯主食产业化的启示［J］. 世界农业（3）：31-36.

王振 . 2011. 不同区域农业信息化推进模式研究［D］. 北京：中国农业科学院.

魏延安 . 2005. 世界马铃薯产业发展现状及特点［J］. 世界农业（3）：29-32.

谢开云，屈冬玉，金黎平，等 . 2008. 中国马铃薯生产与世界先进国家的比较［J］. 世界农业（5）：35-41.

徐萍，孙永朋，卫新，等 . 2016. 基于农业资源禀赋的浙江省农业区域经济协调发展研究［J］. 浙江农业科学，57（1）：1-4，25.

杨丽芝，张勇，刘春华 . 2013. 华北平原地下水资源功能衰退与可持续利用［J］. 工程勘察（6）：48-55.

杨世琦，高阳华，罗孳孳 . 2013. 重庆地区马铃薯气候适宜性区域规划研究［J］. 南方农业，7（z6）：71-74，89.

杨亚东 . 2018. 中国马铃薯种植空间格局演变机制研究［D］. 北

京：中国农业科学院.

约翰·冯·杜能. 1986. 孤立国同农业和国民经济的关系 [M]. 吴衡康，译. 北京：商务印书馆.

张丽莉，宿飞飞，陈伊里，等. 2007. 我国马铃薯种质资源研究现状与育种方法 [J]. 中国马铃薯，21 (4)：223-227.

张敏，苗润莲，卢凤君，等. 2015. 基于产业链升级的京津冀农业协作模式探析 [J]. 农业现代化研究，36 (3)：407-411.

张社梅，冉瑞平. 2015. 推进区域农业生产经营体系创新的基本经验及思路探索——以四川崇州模式为例 [J]. 浙江农业学报，27 (2)：301-306.

张希近. 2000. 河北省马铃薯产业种植区域规划 [J]. 马铃薯杂志，14 (1)：48-50.

中国作物学会马铃薯专业委员会. 2005. 我国马铃薯产业加工区域布局及其发展措施和建议 [J]. 农业产业化 (4)：21-22.

周琳，杨祯妮，唐振闯，等. 2018. 美国和日本新型主食产品推广对我国马铃薯主食产业化的启示 [J]. 中国食物与营养，24 (11)：5-9.

朱峰. 2012. 大量抽取地下水致河北形成 20 余个地下水漏斗区 [EB/OL]. http://news.xinhuanet.com/local/2012-09/11/c_113042441.htm.

Porter M E. 1990. The competitive advantage of nations [M]. New York：Free Press.